神是媒人

神是媒人
God is A Matchmaker

叶光明国际事工版权 © 2018

叶光明事工亚太地区出版

PO Box 2029, Christchurch, New Zealand 8140

admin@dpm.co.nz

叶光明事工出版

DPM22-B35

ISBN: 978-1-78263-662-5

目 录

前言

本书虽是在廿五年前付诸文字，其中所呈现的真理，即使在今日看来仍如当初一般符合圣经教导：既然圣经始于婚礼，也以婚礼为终，这就知道神看重什么—亦清楚表明这是很重要的事情。

在创世记中：神创造男人与女人之后，他把夏娃带到亚当面前—与今日婚礼中新娘父亲牵着新娘在红毯上走向新郎，可说是异曲同工。在新约的尾声启示录十九章：约翰为我们描述羔羊与新娘—也就是教会的婚礼，它将此世纪带到顶点，并引领进入基督的禧年国度。起初的婚姻与末了的婚姻—当我们向前看这世代结束之际，对我们所有的基督徒而言，这是极为重要的原则。

在这个修订的版本中，你会在每章的末了读到不同的见证，这些是叶光明牧师事工所收到的来函：见证了在选择终身伴侣这领域中神的信实。每一章的主题会带出叶光明牧师教导所触及的不同层面。我们相信这些证词见证了神的信实—培育、建造人格，等候他的供应，且在他的关爱与成就中欣喜。

从每一章的尾声的见证，你将读到本书所提及的原则是如何真实应用在许多读者的生活上。第一章尾声的见证是加州的保罗与东妮·丹契的故事，以东妮自己的话来诉说神如何为她预备完美的配偶。

叶光明事工
国际出版团队

简介

介绍这本书的最好方式就是说明哪些是本书不去着墨的部份。

首先，这不是只谈理论或只是神学理论的书；本书不讨论抽象的概念，相反地，本书直接根据真实的生活经验—我的个人经验。

这是我四十几年来在属灵生命产生重要发现的途径，这些从来不是我坐在书桌前面凭空想象出来的，大多数是突然出现且借着我所经历的状况加以确认，然后过段时间，当我回想这些状况时，靠着圣经的亮光，我才察觉到神所教导我的这些重要属灵原则。

在本书的第 2 章与第 3 章是讲述神怎样带领我进入婚姻的过程—先是莉迪亚，再来是路得。两次婚姻神带领我的方式跟圣经里进入婚姻的基本模式都完全呼应。

在第一段婚姻中，我真不明了神所做的，当同样的模式在我第二段婚姻重复出现时，我才了解在每段婚姻中，神都是用完全一样的模式：就是神在人类历史的起初所建立的，是他所膏抹的，是持续不变，直到人类历史达到完全。这是进入婚姻的神圣模式—而这也正是本书的主旨。

我也需要解释一下，这本书并不打算呈现婚姻生活的蓝图，也不是组成家庭的教导，在这领域已有许多非常优秀的书籍，唾手可得。我的目的是：说明引领到成功婚姻的步骤。如果男女双方在教堂誓约之后，才寻求神的指示，就像耶稣所说的—把房子建立在沙滩上的人，这样的婚姻无法承受必会遇见的考验与压力，而这种情形实在比比皆是。

本书可协助你找到生命中会遇到的重要问题的答案：我如何知道结婚是神的旨意？如果这是神的旨意，我如何为婚姻预备自己，以及我如何能寻见这位神所指定给我的伴侣？

在第 8 章路得特别为在预备婚姻的女性提供建议，而且在最后一章，路得再次提供一些非常个人的细节—关于她如何预备自己成为我的妻子。

第 9 章是对父母亲提供的特别咨询，这可以帮助他们引导孩子们度过在选择伴侣期间：情感与灵性角力中困难且危险的阶段。

同样的，在本章中也对牧师或任何这方面的咨询、顾问、教师、年轻的传道人、以及所有其他的神仆人，就是凡寻求带领神百姓进入完全与丰富人生的人，提供建设性的材料，帮助现代生活的婚姻能以合理、合于圣经的指示完整应用神的模式。第 10 及 11 章则对那些正处于婚姻中特别关键时刻的百万计的人们—那些正经过离婚的痛苦以及那些决定不婚的人，提供许多极佳的帮助。

这本书也是为某一族群的人—带着悬疑享受真实生活中浪漫的人们而写，路得与我希望你会喜欢我们故事中的这部分，

但是请记得，直到你读到路得所写的最后一章**"大卫王饭店，不见不散"**，谜底才会揭晓。

叶光明，
耶路撒冷

第 一 部

我 的 经 验 谈

第一章

新郎与新娘的声音

> 耶和华上帝就用那人身上所取的肋骨造成一个女人，领她
> 到那人跟前。
>
> （创世记 2：22）

　　神第一次出现在人类历史上的场景，就是担任媒人的角色。若我们说：夏娃搭着神的膀臂走向亚当的过程，宛如今日教会婚礼中新娘由父亲挽着走向新郎，这样诠释应该不会太牵强。当神在第一场婚礼连结新郎与新娘时，谁可以揣摩出造物主心中充满爱与喜乐的深度？

　　当然这只是众多说明的其中之一：圣经并非由人类单方面所写的作品，一般人都接受创世记是由摩西所写的，但若非超自然的启示，他绝不会胆敢用此种惊人的亲密场景来开启人类的历史—始于神与人，而后男人与女人。

　　此处摩西所描绘的神，跟我们平常联想到教会／大教堂里的宗教艺术类型截然不同。事实上，摩西所描绘的这位神的形象，是否可能会摆在他们的墙上或是窗上，这是非常令人怀疑的。不仅是人类的历史始于婚姻，其最终的高潮也是以婚礼结束，就是约翰在拔摩岛上借着启示录 19 章 6-9 节为我们所描绘的场景：

> 我听见好像群众的声音，众水的声音，大雷的声音，说：哈利路亚！因为主—我们的上帝、全能者作王了。我们要

欢喜快乐,将荣耀归给他。因为,羔羊婚娶的时候到了;新妇也自己预备好了,就蒙恩得穿光明洁白的细麻衣。(这细麻衣就是圣徒所行的义。)天使吩咐我说:"你要写上:凡被请赴羔羊之婚筵的有福了!"又对我说:"这是上帝真实的话。"

约翰呈现在我们眼前的这个短暂奇观:是伟大的胜利、是赞美敬拜的高峰、是壮观盛宴、是几乎超载的喜乐,最最奇妙的是,全能神、造物主、宇宙的主宰,他掌管这事—他爱子的婚礼,随着此事开展天与地—以宇宙从未听闻过的交响诗般混和的共同赞美敬拜。

圣经特色之一是简洁,在此并未试图描述属天新郎与新娘的感受,因人类语言未能有充分的字汇来形容,这是属于神圣奥秘的领域,保留给主自己与那些努力把"自己预备好了"的人。

从创世记到启示录,从伊甸园的第一个行动,到最后在诸天里的行动,人类历史的中心主题是婚姻,从这整个展开的戏剧中,神不仅止于作个遥远的观众,是他开启这个行动,使此事达于巅峰,最后在他里面完成。从起初到末了,他完全且亲自的参与。

当耶稣来到世上使人认识父神,他对婚姻的态度完美和谐的与父神一致,正如天父是以婚姻开始人类历史一般,耶稣也是在迦拿以婚礼开始他的公开服事。当在婚礼的最高潮,酒用完了,马里亚转向耶稣求救,他借着把一百五十加仑的水变成酒来回应。

而且不是普通的酒,因管筵席的尝了那酒,便叫新郎过来,到一旁说:人都是先摆上好酒,等客喝足了,才摆上次的,你倒把好酒留到如今!

(约翰福音 2:10)。

是什么促使耶稣施行他的第一个神迹？他借此是要显示什么重要真理？答案很简单：他显示了他对婚礼的成功是多么关心。如果酒用完了，新郎跟新娘会被大家公开羞辱，而这场婚礼会极不光彩的结束。要预先阻止这场灾难，耶稣以施行奇迹的大能，展现在地上的第一个神迹。

此外，耶稣谨慎的施行这个神迹，以至于没有一个客人知道发生了什么事。他完全不引人注意，说明了在每个婚礼当中只应该有一个焦点—新娘与新郎。虽然施行神迹的是耶稣，但大众认知的实际上是新郎。

耶稣在后来公开的教导服事中，持续高举父神才是创造且开启婚姻计划的那位。他也拒绝接受当时人们对婚姻的标准：当法利赛人向他提出关于离婚的问题时，他答道：

耶稣回答说："那起初造人的，是造男造女，并且说：'因此，人要离开父母，与妻子连合，二人成为一体。'这经你们没有念过吗？既然如此，夫妻不再是两个人，乃是一体的了。所以，上帝配合的，人不可分开。"

(马太福音 19：4-6)

旧约中我们称为〈创世记〉的这卷书，它的希伯来文名称就是以本书卷开始的第一个字："起初"来命名。耶稣借这同样的词"起初"来回答法利赛人，刻意的引导他们到〈创世记〉这卷书，且特别带到神联合亚当与夏娃的路上。换句话说，他在高举由父神所设立的婚姻计划，在他的时代仍是有效力的，那是婚姻唯一神圣的标准，他拒绝授权或同意任何降低的准则。但法利赛人反驳他，指称摩西律法中的条文允许除了对婚姻不忠的离婚外，其他的原因也可休妻。对此耶稣答道：**摩西因为你们的心硬，所以**

许你们休妻，但起初并不是这样（马太福音 19：8）。耶稣再次指示他们回到起初—那也就是创世记开场所建立的模式，这是他唯一接受的模式，任何偏离此模式的都不是父神的心意，不过就是对那些硬心不悔改者的让步。

耶稣与法利赛人的对话对我们今日的基督徒仍是重要的提醒，我们现今对婚姻的神圣标准，仍然就是神在创造之初所建立的，任何低于此标准的都是对硬心不悔改之人的妥协。

因神的灵而重生的基督徒是一个新的创造，不再受制于他们老我不悔改的本性，因此对今日的基督徒而言，神圣婚姻的标准就是由神在创造之初所建立的，且是耶稣在他服事生涯所高举的。

特别一提的是圣经所揭示，婚姻的七个准则仍完全适用于今日。

1. 神以婚姻来开启人类的历史，亚当并没有参与在整个规画中，若非从神而来的启示，男人是无法了解，更遑论使这事成为他经验里的一部分。

2. 男人要结婚的决定乃是从神而出，不是从男人自己。

3. 神知道男人需要哪种帮助者，男人自己不知道。

4. 神为男人预备女人。

5. 神使女人出现在男人面前，男人不需要自己去寻找。

6. 他们共同生命的本质是神所恩膏的，最终目的就是合一。

7. 耶稣高举神起初对婚姻的计划，是所有成为他门徒的人都必须遵守的，这在今日仍未改变。

我们知道婚姻的整个概念完全始于神，亚当在这里面没有任何参与，这也不是他构思的计划，他甚至没有要求这样的供应。是神，不是亚当，来决定他需要一个妻子。亚当根本不知道他自己的需要，是神为亚当创造夏娃。只有神知道亚当需要哪种类型的配偶，此外，神使夏娃出现在亚当面前，亚当不必去寻找她。

是神决定亚当与夏娃彼此相属的方式，他们关系的最终目的是完美的连合：**"因此，人要离开父母，与妻子连合，二人成为一体。"** (创世记 2：24)

如果如同耶稣所指出的：神制定的婚姻模式对今日基督徒而言也并未改变，那么上述的真理就仍然适用在我们的生命，实际上来说，这意味什么呢？

◆ 一个基督徒会进入婚姻并不是因为自己的决定，而是神所决定。

◆ 弟兄要相信神不但会为他选择，也会为他预备他需要的配偶。从另一方面来看，姊妹也要相信神会预备她，为了她的丈夫来预备她。

◆ 弟兄走在神的旨意中，就将发现神会把为他拣选且预备的配偶带来给他。从另一方面看，姊妹要让神带领她到她的丈夫面前，就是神一直为这丈夫来预备她。

◆ 今日婚姻的最终目的仍然是跟亚当与夏娃时一样：完美的合一。然而只有那些完成上述三项条件的，才可以期待享受最终目的的完全实现。

有些人也许会把这三项真理当作是"老套"或"太属灵"而不予理会，然而神国的币值可从来没有贬值，他的价值与标准也没有任何腐蚀。对那些真正跟随耶稣的人，这些条件就跟在耶稣时代一模一样，而且感谢主，奖赏也是一样的。

对我来说，这些原则并不是抽象的理论。在以下的两章我会以我个人的经历，先是与莉迪亚，再来是与路得的婚姻，来说明它是如何令人惊奇的精确吻合圣经的模式。

在两次婚姻中，都是由神起始的，而不是我。事实上，我自己并未寻求婚姻。在两次的婚姻中，都是神为我选择妻子，为我预备她，且领她来到我面前。最重要的是，我两段婚姻彼此契合的程度是现今夫妻很少能享受到的。

以下关于一个男人应该如何进到婚姻的说明，并非从神学理论而来，而是从神权能的引导与圣灵在我生命中的掌权所成就的。许多次我甚至没意识到这是圣灵在我里面做工，然而当我借着经文的启示，思想我生命的历程，我逐渐的看见在两段婚姻中，神是怎样根据他在"起初"所建立的模式精确地动工。我分享这些圣经的原则，因为我知道这是有效的。我希望与我信仰相同的朋友，也一样享有这些原则带给我的快乐。

婚姻七项圣经原则的简短分析，与今日世界标准有着强烈对比—或甚至与教会许多分支所接受的标准也是大相径庭。任何文化或是文明对婚姻的主流态度，通常是对该文化／文明道德与属灵气候精确的测量计：对婚姻尊重程度的低落是文化衰败的标记，相反的，文化的复兴也是因相关婚姻的圣经价值观得到复兴。

在圣经里面有好几段经文，描述衰退期与恢复期是如何影响婚姻：耶利米书 25 章 10-11 节，神警告犹大的百姓，尼布甲尼撒王及将来的侵略所带来的毁坏：**我又要使欢喜和快乐的声音，新**

郎和新妇的声音，推磨的声音和灯的亮光，从他们中间止息。这
全地必然荒凉，令人惊骇。

使徒约翰描绘一个类似的画面，就是大家知道的敌基督系统
"巴比伦"之末日所摧毁的状态：

> 弹琴、作乐、吹笛、吹号的声音，在你中间决不能再听见
> ；各行手艺人在你中间决不能再遇见；推磨的声音在你中
> 间决不能再听见；灯光在你中间决不能再照耀；新郎和新
> 妇的声音，在你中间决不能再听见。你的客商原来是地上
> 的尊贵人；万国也被你的邪术迷惑了。
>
> （启示录 18：22-23）

在这两段描述萧条与毁坏的中间，有个明显的特征，就是新
郎和新妇的声音止息了。如果一个文化中再也没有为婚礼欢欣的
庆祝做为生命的中心，那么它若不是已经毁灭，就是正朝向毁灭
的道路上。

相反的，一个文化的恢复，也将是以婚姻的恢复为喜乐的来
源与庆祝的原因。在耶利米书 33 章 10-11 节，神应许犹大与以色
列在末日的恢复：

> 耶和华如此说："你们论这地方，说是荒废无人民无牲畜
> 之地，但在这荒凉无人民无牲畜的犹大城邑和耶路撒冷的
> 街上，必再听见有欢喜和快乐的声音、新郎和新妇的声音，
> 并听见有人说：要称谢万军之耶和华，因耶和华本为善；
> 他的慈爱永远长存！又有奉感谢祭到耶和华殿中之人的声
> 音；因为我必使这地被掳的人归回，和起初一样。这是耶
> 和华说的。"

再次是这幅画面—无论在毁坏中，或是在恢复中—新妇与新郎是核心。依照圣经的标准：民族的恢复，若少了"新郎和新妇的声音"作为前锋，就是不完整的。

不同的力量或许会侵蚀婚姻的圣经基础，例如世俗的人文主义者提出婚姻是种社会契约，立约者可以自由的决定他们自己的条款与条件，如果他们的感情变了，也可以随意修改或废除。以此为基础来建立婚姻的人，绝对无法经历肉体或是灵里的满足，那种满足是圣经应许给那些遵照他的模式而行的人。

然而另一方面，仅是宗教形式而缺乏神的恩典，对婚姻是一样的伤害。浪漫和热情是婚姻中重要的元素，正如同圣经里所显明的，这两部分在雅歌中都有生动且美丽的描述。若是婚姻中没有这些，照圣经的标准是悲哀的，不完全的，有浪漫没有热情，会以挫折而终；有热情而没浪漫，不过比欲望多一层很薄的纱。

这几个世纪以来，教会通常未能宣讲圣经中婚姻的全貌— 就是拥抱人性的每一方面：灵性、情感、肉体。而性一直被视为一种不幸之需，似乎是创造者的脱序，好像必须为此致歉似的。当然这完全不是神的看法，他创造男女两种性别的人类，然后仔细的检视，宣告说每件事"都是好的"—包括他们的性欲在内。

今天在整个地球上，神正在造访与更新他的教会，借着圣灵更新，如同任何神圣的更新一样，总是必须由新郎和新妇的声音作先锋，除非教会再次拥抱圣经的婚姻模式，不然就无法经历完全的或有效的更新，这不只包括婚姻仪式以及之后的生活，还必须从婚姻开始之处——一步步领到婚礼。

这样的想法应用到人类活动的所有形式，这个预备程序通常是决定结果是否成功的主要因素。举例来说，两人决定要建造房屋，在他们拿到钥匙走进门口之前，一定会经过好几个月的预备，他们必须选择一个地点，雇用建筑师，跟包商讨论各类的计划，针对房子的风格与装潢做许多决定。若是这两人在拿到房子钥匙走进大门之前，对房子毫无兴趣，当他们开始住进去后，注定会充满可怕的挫折与失望。

若建造砖房、石屋或木房是这样的道理，更何况应用到活石建造呢？人类—这种无法衡量的复杂个体，是否也有无法衡量的潜力呢？

一个成功的婚姻并不是始于婚礼，它的基础来自于更早的奠基—首先是性格的细心培育，然后是神所指定的男女婚配。

两人若是未准备好就进入婚姻且误配，注定会是无止尽的挫折（这还是最佳的状况），或是全面的失败。当基督徒的弟兄与姊妹愿意让圣灵塑造他们，带领他们，行在圣经引领到婚礼的道路上，那就可以充满信心期待丰富完整、双方喜乐的婚姻生活。

见 证

完美的拣选

在 1990 与 1991 年间，我正从一场创伤甚重、饱受虐待，而最终离婚的婚姻中逐渐恢复。如同一般委身的基督徒，笃信这位施行奇事的神，这真是一个毁灭性的经历，那时我的教会告诉我，绝不能再婚，因为经上说我若是再婚就是犯奸淫。

因神的恩典与赦免，赞美他！我感谢神，因他是让我们有第二次机会的神。当我持续在他的恩典，并进入他医治的触摸时，并从许多伤害、混乱、失望中得释放。神开始在我心中种下渴望属神婚姻的种子，在 1991 年十二月在我读完《神是媒人》一书后，就封存这渴望。

这本书给我新的希望、异象和梦想，但更甚的是，我从圣灵领受关于作为新妇的清楚指示，新妇是预备给新郎的，且是"呈现"给新郎的。圣灵也说他会带领我，然后他会先透过至少 两位见证人来验证他的话。在《神是媒人》书中，用以撒和利百加为例，在我心中是如此美丽的标记。

我来自南非，快乐的住在约翰内斯堡。但有天我发现神在我心中意外种下一个住到加州的渴望，我甚至知道那个我要住的城市：拉古纳海滩，这事看来似乎奇怪，因为我很快乐满足的在自己的家乡居住以及工作。

然后在 1993 年主为我施行神迹：一对从加州来的夫妇出差来此地拜访我的好朋友莱恩与葛达，在某日下午的 BBQ 我认识海尔与莉，在我们相互认识后五分钟，海尔对着我非常认真的说："妳何时要来美国？我要为你介绍丈夫。"我大笑跌坐在椅子上，但当我这样的时候，圣灵对我说：不要笑，为这事祷告。我就照做，再次祷告：求主透过至少两位见证，来验证他的话。我知道我会需要确认、再确认，以及透过了解所得到的平安。

我只能说：主耶稣持续施行连串的神迹，我遇见海尔，他介绍一位他认识二十年的朋友保罗。他正是我所求所想的一切，甚至超过所求所想，他全心爱神，所以他知道如何把我当作他的新娘，及如神所赏赐般的爱我。

经过两周半的交往后，他向我求婚，四个月后我们就结婚了。现在我们已经结婚十七年了，我可以诚实的说，这是我生命中最美好的年岁，甚至现在当我们彼此对望，就惊叹神的作为：把我们连在一起是如此美好与祝福满满。

在我们相遇之前，保罗是位单亲父亲。他很寂寞，而且真的很想再婚。很多次当他"约会"（通常是一些非常期待他结婚的朋友所安排）回来后，他的儿子们带着超大的期待看他,问道:"所以咧？怎么样？"

他的肩膀下垂，声音透着失望：呃……她很好，但她不是我的那位。一然后就到此为止。通常他自忖，正如同我一般，也许是他自己有些问题，而且他的标准太高、或是他太挑剔、他的理想伴侣并不真的存在。我们见面的第一周后，保罗邀请我到他家用午餐，那天是周六，午后他想要预备普切塔（bruschetta）：用西红柿、新鲜的罗勒、马佐瑞拉奶酪、放在恰芭塔拖鞋面包上。

他在店里花了最久的时间挑选午餐要用的"完美西红柿"。一位老先生看到保罗站在农产品区前面寻找最完美的那个西红柿，然后老先生离开到别区拿些其他用品，他再回到这区，看到保罗还在挑选西红柿：

"孩子啊！"

他对保罗说："你结婚了吗？""没。"

"喔，那祝好运！"他惊呼。他意思是说：如果挑个西红柿都要花那么久的时间，那想想看他要花多久找个老婆？

但我很感恩保罗等待他的"完美西红柿"，我相信神—我们宇宙的主宰在每个婚姻当中都安排好他们独特的命运。

我想对单身的朋友说的是：如果神可以做在我们身上，他也可以同样为你做。

东妮·丹契，

尼古湖，加州

第二章

莉迪亚

没有任何男人可以说自己是完整的，每一位男人都需要伴侣，为满足此需要，神恩膏婚姻且提供亚当一个妻子。婚姻是两人之间可能有的最亲近且最亲密的伴侣形式，事实上，是两人真实合而为一。

保罗在他写给以弗所教会的书信中称婚姻为奥秘，而所罗门在雅歌中将之比拟为关锁的园，没有任何学术，例如心理学或神学等等能开启这奥秘，甚或打开关锁的园。唯有神掌管这钥匙，他将这放在那些走在信心与顺服道路上的跟随者手中。

一个未婚的人也许可以享有最好的咨询：可以读所有推荐的书、也可以自由地与已婚者往来、甚至可以沉溺于婚姻之外的性行为，但他仍是局外人，不识此道。婚姻中有个重点是无法解释的，只能透过经历得知。

因此我想分享个人的故事，就是我与莉迪亚的婚姻故事。神完全且超自然的引领我，以他所为我选择的人为妻，借此将打开奥秘的钥匙放在我手上。有人曾说过世上最好的学校就是经验—但也是学费最高昂的。

1940 年之际，也就是在多年求学之后，当我很确定在剑桥大学有个哲学教授的职位，孰料我却自学术界残酷无情的被连根拔起，丢到二次大战的漩涡中。当时我被征召入伍到英国陆军担任医院随员，我带了本圣经，打算把它当作哲学作品来研读，完全漠视任何神圣启示的领受。

大概入伍后九个月的一个夜晚，我在陆军仓储里个人直接领受到耶稣基督的启示。在接下来的一周，在同样地方，我经历到圣灵超自然的充满：在还没来得及分析发生什么事之前，我听见一种奇怪的语言音节从我嘴唇发出，听来像是亚洲的语言—有点像是中文或是日语。

虽然我不知道自己在说什么，但我知道自己正以某种方式直接与神交通，我内在有个奇妙的感受，是从自己都不知道我里面有的紧张与恐惧中释放出来的，突然间我知道自己已经跨过门坎，到了一个全新的世界。

晚上我躺在草垫上—军队里床的勉强代用品，我又开始说这未识语言，这次我因它的节奏与诗意感到震惊，在停止后有个简短的暂停，然后我开始说英文，但不是我自主选择说哪些语言，我注意到是重复未识语言的字语节奏。我似乎是在对自己说话，对第二个我说话，但这些话不是我自己发出来的。怀着敬畏的心，我明白神使用我自己的嘴唇来对我说话。

神以这种美丽诗意的语言，为我在他旨意中前面的道路擘画蓝图，这图画是我凭着自己想象力也描绘不出的场景与画面。我的记忆也无法把他们全部保留下来，然而留下来的就再也无法磨灭、深深刻印在我的心版上，它就是：这将会像是小溪，小溪会变成河流，河流会变成大河，大河会变成海，海将变成奔流不息，澎湃翻腾的涛涛大洋。不知怎样，我就是知道这些话语所蕴含的意思，是神对我未来生命的关键话语。

在接下来的日子，当我思想这些经历，也思索我前面的道路，一个名字出现在我心中，好像印刻在我心版上：那就是巴勒斯坦。那时中东地区叫这名字的地方就是现在的以色列与约旦，我并不了解神对我说的关于我生命中的所有计划，但我一直有个非常强烈的印象：这跟巴勒斯坦土地与这地上的人民有关。

几周之后，我的单位被派驻海外中东地区，我猜想我们的目的地可能会是巴勒斯坦，结果并不是。接下来的三年，我待在埃及、利比亚、苏丹的沙漠，我发现自己处于一个十分贫瘠的地方，无论是自然界或是属灵方面。我忠实可靠的力量来源竟是圣经，我读了好几遍，虽然周遭尽是贫瘠，但我感觉神正在我生命中动工，开始他的计划，就是某方面与巴勒斯坦有关联。

我在苏丹遇到一位基督徒军人，他在巴勒斯坦待过一阵子，当我们一起分享团契时，他说道："若你想要有真正的属灵祝福，你应该要去拜访那里的一个小小儿童之家，就在耶路撒冷的北边，是一位丹麦的女士所建立管理的。所有中东的士兵都会去那里，而神会以一个奇妙方式与他们相遇。"

我觉得这真是件奇怪的事情，士兵竟然必须到儿童之家去寻求祝福。不过我倒是记住他的这项讯息，提到巴勒斯坦搅动我里面一些东西，而且我真是对沙漠感到疲乏，极度渴望换个景致。

后来有一天完全出乎意料，我接到通知要移防到巴勒斯坦，一个月后我就在莫兹克村的医疗补给站驻防，是在海法的北边，我的工作很少，我有许多的时间祷告。

首先，我去拜访了儿童之家，非常快就明白为何士兵们会从各地设法过去，那地方充满一种看不见的氛围，就像是露珠，滋润了那些因沙漠战事的单调及饱受压力的军人。我感受到自己的灵从三年贫瘠沙漠的尘土中被刷洗干净了。

负责这儿童之家的女士自我介绍她叫莉迪亚·克理斯森，温暖的欢迎我，她是典型的斯堪底那维亚人—金发蓝眼。她在我们喝咖啡聊天中简短说明十六年前如何从丹麦来到耶路撒冷，从一间地下室接收一个垂死的犹太婴儿开始这个儿童之家（莉迪亚在《**相约耶路撒冷**》书中述说她的故事，选召出版社，1975），从一个卑微的开始，长成现在这个大"家庭"，里面有不同种族的孩童。

"我从未去寻找这些孩子，"莉迪亚告诉我："我只是接受那些我知道是神送来给我的孩子。"

我也响应她，就开始分享神是怎样在军备床上向我启示他自己，并以圣灵充满我。那时我述说着在沙漠的这三年，圣经是我唯一的力量泉源与指导。

我不完全清楚未来会怎样，但我的结论是：我感受神对我的生命是有计划的，而这计划是与巴勒斯坦有关。

莉迪亚建议我们应该为此祷告，这正是我渴望很久的事，我立即同意。令我惊讶的是，她招呼一些小女孩加入我们，一起祷告，四或五个孩子拿着她们的椅子迅速聚集在房间里，她说了一些阿拉伯话—我想大概是说明我们要为什么祷告，然后每个女孩跪在她们的椅子前面，莉迪亚跟我也跪着。

当我们开始祷告，我感受到我是在与神约会，在某个时刻我听见在我旁边的小女孩用清晰旋律般的腔调唱歌，起初我以为那些是阿拉伯话，不久我发现那是另一种语言，然后又过了一会儿，其他的女孩们加入她，也是用另一种语言，我觉得我的灵被提升到超自然的敬拜强度，这程度是与主相交的境界中升到更上一层楼，虽然我不知道祷告了些什么，但我知道我的未来一直很稳当地掌握在神的手中。

回到医疗站后，我发现自己的思绪常回到雷马拉的小屋中，在我脑海中仍听见孩童们敬拜的清晰声音。我决定要分别时间固定为莉迪亚祷告：才在那个小屋中待了几小时，我就注意到她担负许多担子，除了一个阿拉伯女佣，没有其他帮助。此外，她从哪里可以收到奉献来给这些孩童食物与衣服？她提过她不是任何福音机构或是事工组织所差派来的。

有天，我单独在一大捆大捆的医疗供应品的仓库中，我特别迫切的感觉要为莉迪亚祷告，我用英文祷告一阵子，然后圣灵就完全掌权，让我说出一种清楚有力的言语，再一次是未识方言，接着简短的暂停，又用英文诠释，就像是第一次说方言的晚上，神再次的透过我的嘴唇对我自己说话："我已使你⋯⋯一起同负一轭、同乘一挽⋯⋯"。

接着又有更多话，但是抓住我的那些话，是什么意思？既然这是为莉迪亚的祷告，这些一定与她有关，难道神要把我们两人连在一起？若是如此，将用什么方式，以及是为了什么目的？

过了数月之后，军方再次命令我移防，这次是到橄榄山上的一家医院（Augusta Victoria Hospice），就是在耶路撒冷的东边，从这里到雷马拉挺方便，搭巴士即可，我就更常去探访这个儿童之家，而我与莉迪亚及孩子们的团契也更深了。

再过不到一年我就要自军队退役，我更加坚信神指引我取得除役后到巴勒斯坦的许可，然后待在那里全职事奉他，但那是什么样的服事以及跟谁同工呢？

在耶路撒冷有两个全福音教会事工十分活跃，我与其中一位领袖很熟络，我是否该参加其中的一项事工呢？当然还有在雷马拉的儿童之家，我很享受在那里亲密的团契，但我在儿童之家能扮演什么角色？

此外，我的财务支持也有问题，在英国时，也就是我遇见神之前，我从来就不是个去教会的人，更别说是个传道人了，那里的基督徒完全不知道我，他们没有动机要支持我？

我有个基督徒朋友叫杰弗瑞，他在耶路撒冷的一个医疗单位工作，我在祷告中恳求，希望有他的协助，我知他是个敏锐于神声音的人，而且他对两个全福音事工及儿童之家都很熟悉："我需要知道神要我委身于哪个事工"，我告诉他。

杰弗瑞自己与其中一个全福音事工密切合作，显然也觉得那应该是我要去的地方。他预备好要跟我一起祷告，然而在为两个教会事工祷告之后，他开始为莉迪亚和儿童之家祷告。

"主啊！"他说道："你已经向我显现这小屋就会像是小溪，小溪会变成河流，河流会变成大河，大河会变成海……"

我再也没注意听他任何的祷告！我因兴奋而倾倒在地且敬畏不已，他一字不差的重复了当初在英国的营房中，那个晚上神对我说关乎我未来的事，但他把这话应用到莉迪亚及儿童之家，在这些年间我从未对任何人讲起这些话，只有神才能把这同样的话给杰弗瑞。

"谢谢你，"当他结束祷告时，我对他说："我相信我知道神要我去做什么。"但我没告诉他我是如何知晓。

我有很多要思考的，在英国，神对我说过我的未来，且给我一幅图画是一条小溪持续变大，那么在莫兹金村的医疗站，当我为莉迪亚祷告时，神对我说："连结一起，同负一轭，同一挽具。"现在我发现神给杰弗瑞—关于莉迪亚跟儿童之家—跟神给我的是完全一模一样：溪流变海洋的图画。

我想到神在莫兹金村用的相关两个表示：同负一轭，同一挽具。同一挽具的图画是两个动物在亲近的关系中一同做工，但轭是什么意思？我突然明白那是圣经里常用的图画，表示两人在婚姻中连结。难道这就是神的心意吗？

我开始深思我们的相异点与难处，莉迪亚的文化背景与我迥然不同，她有坚强的个性、是天生的领袖，她面对无尽的困难建立事工，赢得基督徒团体对她的尊敬。她惯于打自己的仗，她会愿意放弃在家作头，降服一个年纪比她小得多、阅历比她少的人吗？甚至这样做对她来说是否实际？

而且还有年龄上的差距：我三十出头，而她纵然是令人惊异的活力充沛且极为活跃，也已经是五十几岁了，两人年龄差距如此大的婚姻，必要面对极大的压力。

我也要考虑自己的背景，我是独生子，教育背景是纯然的知识性，虽然我可以高谈阔论关于人性哲学理论，但对于真正与人相处，知之甚少，我能在一个全是女孩的家庭里面担任父亲这个角色吗？而且这些女孩的种族、文化背景，对我而言是全然陌生？甚至对她们来说这公平吗？强加一个父亲给她们？

所有的这些疑问都是负面的考虑，正面的部分可以用简短的一句话总结：神说了。神清楚明白且超自然的，先是单独对我启示他的计划，然后透过一个我们共同团契的基督徒，神再次清楚且超自然的向我确认他的话。这响应不是针对我的祷告，或甚至也不是我的渴望，这整个启示的来源单单只在神，在他全能的掌权。若是神如此清楚揭示的话语，我都拒绝接受的话，我怎能期盼他对我未来的祝福？

我在兴奋与恐惧中挣扎：兴奋的是，想到神对我的未来有如此明确启示的计划，恐惧的是前面的任务恐怕太困难。最终我明白：我不可能事先全部理解，那不是神要求我要做的事，他要求我的是：用信心委身于他向我揭示的计划，并允许他为我成就我自己不可能做到的事。

最终我来到委身的这点，到目前为止，我了解神对我生命的计划，且拥抱这计划，然而我还不了解的是：我是否能信任神以他的方式及在他的时间向我显示。

从这点再向前看，在我与莉迪亚的关系中有个很积极的改变：我们的团契已经很亲近并使我们灵里饱足，但现在是一种更新的温暖与亲密，每次我造访儿童之家，这种感觉都加增一些。对这些孩童，我开始有像是她们家长般的感觉，这是我从来不知道的，最后我必须对自己承认：我恋爱了—爱上莉迪亚跟这八个小孩。

几个月之后，我向莉迪亚求婚，这似乎是很自然的事，而她回答愿意也是一样的自然。1946 年初我们结婚了，就在军队同意我除役之前的一个月。

不久，我们的家就从雷马拉搬到耶路撒冷，就在这个地方，我们好像搭上连串激烈事件的时光列车，见证以色列这个国家的生产之痛，我们生活在危险当中，必须重新安置家，这样搬迁共有四次，其中两次是在夜里进行。我们身处战争与饥荒，然而在神的保护下，他不断以令我们惊异的方式供应我们。我们这个家庭因着共度这些经历，使我们紧紧交织、连结在一起，甚至超过一般自然家庭—即使到现在依然如此。

我们从耶路撒冷搬到伦敦，我在那里牧会八年，在这段时间的最后一两年，所有我们年龄较大的女孩们都长大离家；除了一个以外，其他孩子都结婚了。我们最小的两个女儿跟着莉迪亚和我移居到肯尼亚，我在那里担任一家非洲当地人之教师训练学院的院长。后来一起到肯尼亚的这两个女儿也长大离开我们，追寻自己的生涯以及婚姻。我们也在这里领养了洁西卡—一个六月大的非洲女婴，她是我们第九个孩子。

1962 年莉迪亚、洁西卡跟我移居到北美，先是加拿大，然后到了美国，我们最后定居美国。在这个国家，神向我们开启了许多方面服事的大门，接着开了很多其他国家的大门。

同时，我的家庭一直不断的增长，且分散在世界不同的地区：有家人定居在英国、加拿大、美国、澳洲。"我们是个日不落的家庭。"莉迪亚常常这么评论着。在雷马拉开始的小溪，成为环绕地球的大河。

在经过这些年，莉迪亚跟我有个从不落空的力量来源：我们的合一。我们两个人的祷告生活是持续的、能够宣告马太福音 18 章 19 节的应许："**我又告诉你们，若是你们中间有两个人在地上同心合意地求什么事，我在天上的父必为他们成全。**"因着这样的祷告基础，我们看到蒙应允的祷告简直是不可胜数。在我们对外的服事上也是如此：当我们为疾病及受苦的人

长时间的祷告，我们的合一带来无数的得胜。那不是我们个人单兵作战可以成就的，有位一起团契的传道曾说道："你们两位一起作工，就如同一人。"

1975 年在将近三十年的婚姻之后，莉迪亚回天家了，她艰苦无私的服事神超过五十年，箴言 31 章 28-29 节非常适合献给她：

她的儿女起来称她有福；她的丈夫也称赞她，说：才德的女子很多，惟独你超过一切。

我越思想我与莉迪亚的婚姻，越是惊叹神无误的智能。当我们结婚时，我对我们前面未来的道路、什么样的生活一无所知。对于要为自己拣选什么样的妻子，我全无想法，因为我缺乏最主要的信息—关于该依据什么为基础来作最聪明选择；就另一方面而言，回首过往这三十年的辛苦、试炼、争战，我深信莉迪亚是在这世上唯一能与我一同走过的人。

这是多么奇妙，神知道怎样的妻子正是我所需要的，他为我预备她许多年，他将她放在他特意引导我要经过的路径上，他向我指出：她就是他为我拣选的帮助者。每次我在心中回想这些，我真是要俯伏敬拜，且如同保罗说的："**深哉，上帝丰富的智能和知识！他的判断何其难测！他的踪迹何其难寻！**"（罗马书 11：33）

见 证

拯救生命的真理

神真是奇妙!

我读了叶光明的《神是媒人》,这本书给我在这方面很多的看见与指导。我结过两次婚,两次婚姻的配偶都是辱骂咆哮型,甚至骚扰我的孩子。我第一任丈夫在廿七岁时死于车祸,至于第二任前夫,我必须学习砍断跟他的魂结。

叶光明的书非常有帮助,我想买个一百本送给所有我认识的青少年跟单亲者。神真的是透过这本书带出一些拯救生命的真理。

谢谢你,愿神祝福这个事工

欧·捷 阿灵顿,
德州

见 证

神回应特定的祷告

四年半前我听闻你的《神是媒人》系列，我本不知：如果我祷告要求的话，神会显示适合的人。神确实给我适合且属神的人，他回应这特定的祷告，我们现在已经结婚四年了。

叶光明牧师，谢谢你的广播节目，我有这录音版本并分享给他人。

狄·恩 华伯洛,
纽约

第三章

路得

在莉迪亚过世后，我经历到前所未有的寂寞孤单。失亲之痛是我们在人生某个时间都必须面对的，然而很少的人，甚至包括我们这些委身的基督徒，是真正预备好。透过此事，我学习到自己对基督身体的需要的另一方式。

在这些年间，我很自然的与四位全国知名的圣经教师有亲近的团契：他们是 Don Basham, Ern Baxter, Bob Mumford, Charles Simpson。我们一起在祷告咨商的团契中全然委身与分享，我们以这种方式彼此支撑得力量。

在那些孤单寂寞的时光里，来自弟兄的安慰、帮助，使我能将悲哀转化成全面的喜乐与得胜，使我能像大卫一样说：**"你已将我的哀哭变为跳舞，将我的麻衣脱去，给我披上喜乐。"**（诗篇30：11）

1977 年的夏天，我们五人都是某个国际领袖团体的成员，这里面有天主教、也有新教。我们这领袖团体做了场朝圣之旅——去到圣地。在耶路撒冷我们很荣幸地参与比利时枢机主教徐能士（Suenens）服事五十周年的庆祝。当这团体离开时，我决定多待在以色列一周，将这段时间分别出来寻求神：是否到了我该再转回耶路撒冷的时候？我知道我在那里的服事尚未完成。

我也想借这机会拜访一个机构，他们积极翻译我的书，并在以色列及各地发行。当我在那里时，想到之前曾收到一封来自该机构的信，最后是手写的附注："我想要为你的服事感谢你，这些年来，这对我意义重大。路得·贝克。"

我觉得应该借这机会表达我的谢意，但办公室的总机告诉我说她两个月之前背部重伤，目前在家无法工作。

这些年来，神在服事背部问题的人方面，给我一项特别的信心、恩赐。我所祷告的人几乎都得医治—有些是立刻，有些是逐渐。当然我到耶路撒冷不是特意要探访有疾病的人，但觉得我若一点都不提供帮助的话，就我个人而言，这样很没礼貌。"你认为这位女士会希望我为她祷告吗？"我询问这办公室的人，他们异口同声且热情的回答："当然！"并告诉我如何到她家。

一位名叫大卫的年轻人负责载我在耶路撒冷四处走访，所以我们拿着地址出发了。当我们在耶路撒冷的狭小、标示不清不楚的街道来来回回四十分钟之后，我对大卫说我们一定不在神的旨意中，掉回头去吧。

就在大卫开始回转的那个瞬间，我再看一眼对街房子的号码，那正是我们在找的房子！

我们看到一名女子躺在客厅的沙发床，她因疼痛而紧绷的脸，是我常在背部受伤的人身上看到的。在给她一些关于如何释放信心的指导之后，我按手在她头上开始祷告，出乎意料的，神给我先知性的话语：包括了对她的鼓励与方向，从她脸上所闪出的亮光，我知道我说中了她内心深处的需要。我们交谈几分钟后，我带着完成责任的感觉就告辞了。

在这星期里我几乎足不出户，就我的未来专心寻求神，但没有得到回答。当我在以色列的最后一天，仍然没听见神说任何话。第二天一早就要从本古理安机场离开了。

那天晚上我大概十一点钟就寝，但没有睡着，突然间我知道障碍消除，我直接与神交通，一点都不想睡觉。神跟我说了整个晚上的话，大部分时间是我听见他的声音，在我的灵里相当有权威的说话，我深知道这样的权威，只有来自神自己。

他提醒我：我的人生路程在那个时期走到的阶段，我心中浮现出很多次神介入保护我与指引我的时刻与景况。他也提醒我，在这些年来他给我许多各样的应许：那些已经成就跟将要成就的，他向我确证：只要我持续走在顺服中，应许全都会成就。

而后在清晨时，我眼前出现一个奇怪但生动的画面：我看见前面一座陡峭的山丘，这使我想到耶路撒冷旧城西南角落的锡安山斜坡，有一条崎岖的路径从山丘的底部延伸到最高点。

我直觉地知道这是代表我回到耶路撒冷的道路，一路上都是这样陡峭的往上爬，有很多转来转去狭小的急转弯，但是如果我定睛在神并坚忍，这路径就会带我到神在耶路撒冷为我所指定的地方。

在这画面中最令我震惊的一点是：我看见在我前面有个女人坐在地上，就在这路径的起始点那里。她的形貌像是欧洲人，头发是金色的，但穿着一件像是东方风的洋装，颜色颇难界定，但确定是绿色系。特别令我惊讶的是她特别的姿势，她的背因疼痛而紧绷不自然的往前倾，突然间我认出她就是路得·贝克。

为何神把这女人带到我面前，而且是在这样奇怪的背景中。在我还没来得及想好要问的问题时，我就知道答案了。这不是透过任何理性分析的程序，甚至不是透过神对我说的，答案就在那里，已经键入设置在我思想中，那里完全没有怀疑的空间：神要这女人成为我的妻子。

我也同样确定的知道为何这女人正坐在这路径往上的起始点，没有其他的入口可以到这条路径。娶她会是我回到以色列的第一步，神没有给我其他选择。

一连串的情感在我里面搅动翻腾—惊异、恐惧、兴奋，某个时刻我甚至想要对神生气：他怎么可以让我面临这样的状况？他真的要我娶这个我只见过一次的女人吗？我一点都不了解她？我等着看神对这点是否有什么话要说，也许有些解释，但是并没有。

我知道需要非常谨慎的行动，我在特定的基督徒圈算是个有名的人物，如果我现在做了些愚蠢的举动，特别是在婚姻方面，可是会丢神的脸，而且绊倒神的百姓。我决定不要把刚才发生的事告诉任何人，我就是把这事带到神面前祷告，并寻求更进一步的指示。

我一回到美国，就认真持续地为此祷告了大概一个月，什么也没改变。我心里的异象没有消退，如果要说有什么的话，就是这异象更加清楚鲜明。直到那个月底，我仍觉得神没有给我选择，他就是要我娶路得·贝克。

最后我对自己说："没有行为的信心是死的，若我真相信神已经显示他的旨意，我最好开始行动吧。"所以我写了封简短的信给路得，建议她说：若她会回到美国，她也许会对参访坎萨斯市的一个基督徒团契有兴趣。在那里的人对以色列有特别的爱，并与我个人的连结十分紧密。

几乎是在她的回信上，我就得到答复：她跟女儿正预备要离开以色列来美国参访，她很感谢我的建议，而且真的打算去参访。她根据行程写下几个可以去拜访的日期，也留下她在马里兰州可以联络上的电话。

我立刻打给她，并为她订好日期拜访堪萨斯市，我自己的计划是很快就要离开美国到南非去服事，但仍安排在她到坎萨斯市的头两天我也在那里，然后从那里直接去南非。

该市团契的领袖是大卫，就是曾在耶路撒冷载着我到处跑的那位，他安排路得跟她的女儿及我住在他的大房子里，第二天路得安排了一段时间找我咨商，是关于她在耶路撒冷时所冒出来的问题。

当她走进来时，我赞美她穿的那件特别洋装，"这是阿拉伯风格"，她答道："我在旧城买的。"

然后她继续解释：因着背痛，所以一点也不能坐在一般椅子上，若我同意，她就背靠着墙屈膝坐在地板上。

我的心不由自主的就回到那个晚上，我看到的异象就是那个女人坐在向上路径的山脚下，这时刻不仅是现在是同样这女人出现在我面前，而且是同样不寻常的洋装风格及颜色，而她坐的方式就是同样因疼痛紧绷，一模一样的姿势，每个细节都完全相同！

我简直无法言语，我只能敬畏地看着她，然后突然一股超自然力量的暖流从我的身体涌出，我对这女人充满无以言喻的爱，她一就外在而言仍是一位陌生人，我们坐在那里短暂沉默之后，借着我意志的努力，我掌握自己的情感，并开始询问她要找我咨询什么问题？

在我们接下来的对话，我的心同时在两个方面运转：一个是我针对路得的问题，提供我的建议；另一方面我试着隐藏发生在我内心的事。

第二天前往南非之前，我简短的问路得她未来的计划，她计划要回到耶路撒冷过犹太新年与赎罪日，大概是那年的九月底。非常巧合的，我已经安排好从南非回美国的途中，要在以色列的耶路撒冷停留一些日子，我有强烈的感动要在那里过赎罪日。

我在南非服事的这段时间，一直在思考与路得的未来会是如何。现在有两件事很清楚了：神计划要我跟路得结婚，而且我爱上她了，是我要决定再来要怎样行动。我决定发个电报给她，约她在赎罪日的前一天早上九点，在耶路撒冷的大卫王饭店共进早餐。

我在南非的服事在周末结束，地点是普利托利亚的一个教会，我收到一份非常慷慨的爱心奉献。由于南非管制货币，所以我不能将南非币带出国，而若换成美金却又很花时间。那时我忽然想到南非以钻石闻名，我一时冲动决定去买个钻石。

他们就带我到一位教会会友开在普利托利亚的珠宝店，他向我展示排列整齐的钻石，解释每颗钻石的特色，最后我选择一个看来似乎是最闪亮，比其他的更漂亮的钻石，老板细心地用一张纸折了好几次把它包装好，并告诉我放在口袋里，这似乎是带着钻石挺随意的方式，但我遵守他的指示。

就在我要离开这家店时，看到一个美丽的虎眼石金胸针，老板告诉我价钱，我也数数剩下的南非币，刚刚好，所以我也买了胸针并且包成礼盒。

两天后的早上八点四十五分，我在耶路撒冷大卫王饭店的大厅，选了一个面对旋转门的位子坐下，我的心里充满一个问题：路得会来赴约吗？

九点整，她从旋转门走进来，我起身迎接她，带领她到饭店大堂的自助餐区，上面摆着许多精致的餐点。

很意外的是我们的对话从一开始就很自在，我描述在南非所参加的不同会议，然后把手探进我的口袋，拿出那个包装着虎眼石胸针的礼盒："我带了个南非的纪念品给你。"我说道。她打开这小包装盒，拿出胸针，她惊讶地说道："这好漂亮，我真不知该如何感谢你。"她的眼睛闪亮，有一丝红霞隐约出现在她的脸颊。早餐后，我们到乔治王大道上的一家主要犹太会堂，去取票来参加赎罪日的礼拜。当我们回到饭店，我建议到泳池旁边的躺椅度过早晨时光，我请她谈谈她自己，以及是什么样的情况把她带到耶路撒冷，如我所预料：一连串的痛苦串起她的故事，高潮是神的恩典与怜悯把她带到神呼召她前往之地：在以色列服事他。

我特别对一个问题的回答感到兴趣：她的婚姻如何结束？若如我所怀疑是离婚，那离婚的原因是什么？在我更早期的服事中，曾仔细地做过圣经教导中对于离婚与再婚的研究，我得到的结论是：一个人若是因为配偶不忠，就有一个清楚合乎圣经的再婚权利，并且没有任何罪的沾染，也不是比较次级的。现在当我听着路得的故事，我很满意她是属于这一类。

我们的谈话似乎很自然的持续着，还接着一起享用一个比较晚的午餐。但当我这样期待时，路得毕竟累了，她无法再说些什么，我的时刻来到！

我略微迟疑，但尽量简单明白告诉她我看到的异象：一条向上的山丘路径，她正坐在山脚下。

"这就是为何我邀请你在堪萨斯市与我碰面，"我继续说道："还有为何今天邀请你在这里，我相信我们结婚并一起事奉神是他对我们的心意。"然后暂停一下，我继续说："但你不能根据神给我的启示为基准来做决定，你要自己听见从他而来的话语。"

路得的回答安静又简短，她说神已经就这同样的事情在跟她打交道。

"从我们一起在堪萨斯市之后，"她说道："我告诉神，如果他要我嫁给他，我会说好，我愿意。"

在那个时刻，我们知道已经建立对彼此的委身。

在会堂礼拜结束的当天傍晚，我告诉她我与其他四位教师的团契关系。

"我们同意要彼此互相咨询讨论后，才做个人的重大决定。"我解释道："因这缘故，我还不能更进一步向妳做任何承诺，直到我跟我的弟兄们讨论过，然而我相信神既有清楚明白的决定，他必会成就。"

隔天是禁食的日子，路得与我花很多时间一齐等候神，我们并再度委身在他的旨意中，我们越靠近神，就也感觉到彼此越靠近。

第二天一早我就离开耶路撒冷，我在飞机上有时间回想所发生的这一切。我对自己说：这是多么奇妙啊！神安排我们两人建立相互委身的关系是在犹太历法中最圣洁的一日，然后以祷告与禁食为封印！

回到美国后，我很快与 Charles Simpson 分享这个在我生命中的新发展，虽然再过一个多月，就可以与所有的四位弟兄一起团契，我们花了半天时间讨论我与路得结婚的事。当我诉说整个故事：神是怎样引导我，我发现这事情是多么主观且超自然，对我而言，这是如此真实与生动，对别人却显得难以明了且是十足的幻想。

另外还有个问题，在路得婚姻破裂时，就我看来，路得也有该认罪的部分，但她没有一直陷在罪中。然而在基督徒的圈子里，离婚者这字眼几乎总是带来负面的反应，并不一定是来自圣经诠释的小细节。对我而言，一个著名的圣经教师与一个离婚的女人结婚，肯定会触怒某些人。

而且路得算是某种半残疾的人，不可讳言，她对我的事工的型态与其说是祝福，毋宁是一种负担。我个人深信神对她的医治已经在进行中，但我也必须承认并无眼见的凭据可证明此事。

我的弟兄们当然关心我胜过关心路得，他们担心在这个阶段一个不适合的婚姻会摧毁我所有的服事，且打乱了神对我生命的计划。经过冗长的讨论之后，他们告诉我，他们在那时就是无法祝福我去娶路得。应我的要求，他们写了一封信，所有人都署名，简短亲切地解释他们的观点。

我在这阶段面临着生命中最困难的决定：我跟这些团契的教师们并无任何法律合约，在组织上也不属什么宗派，我们任何人在任何时候只要认为是正确的，都可自由退出，我应该使用这个选项吗？

在衡量这点：相对于神会怎么说，我倒没那么在意我的弟兄们会说些什么。对我而言，生命中没有任何事比神的恩宠更重要。

我想起大卫在诗篇15篇讲到，在神眼中为恩宠的人，特别是那段陈述："他发了誓，虽然自己吃亏也不更改。"（第4节）当承诺再也不适合，而人就可以食言的话，承诺就根本不是承诺。此外在我丧偶的悲伤时期，我领受了这些弟兄们的各项支持。当有些事符合我期待的时候，我可以接受他们的安慰；当他们的意见跟我自己的希望不符时，我就拒绝他们的建议，这样可以吗？

我对路得的感情并没有改变，我仍深信她是神赐给我的珍贵礼物，神是叫我放弃她吗？我记得神是如何赐以撒给亚伯拉罕，然后又要在摩利亚山上把他当作牺牲，要收回。他只有在亚伯拉罕证明自己愿意献上最爱的，神才释放他全然的祝福给牺牲者亚伯拉罕与被牺牲者以撒。

我曾就这个主题写过一本书，书名是《降服的恩典》（1977），若是我自己都不愿意顺服这个教导，我真是会在心里弃绝自己，居然是那种叫别人这样做，自己却不预备这样行的人。我清楚知道自己的信念，也真别无他法，我必须顺服弟兄的决定，与路得沟通说明此事。

我带着沉重的心情打电话告诉她，我唯一能提供的安慰就是再过一两周会到耶路撒冷，我要与那里的一些领袖见面，讨论我们所计划的一个行程。我承诺会当面把这事说清楚。

两周后我们再次在大卫王饭店共进早餐，我们的会面表面上看来意外的平静，一点都不情绪化。我告诉路得所有的一切都烟消云散了，并且将我弟兄们写的那封信交给她。

"我觉得我们需要断开一切联系，"我说道："唯一的接触就是祷告。"

路得向我保证：她明了我的决定，也同意这样。我们并不需任何言语来确认我们对彼此的感情并没改变。早餐结束后，我安排路得搭乘出租车，并目送她直到被交通的车流淹没。

再来的这些日子，刺骨的冬天驻足在我的灵魂，生命是空虚的，每件差事都是单调无味，我最亲近的朋友似乎离我甚远。而后出乎意料的，有些话语在我心里形成，而且徘徊不去：死于冬天的将于春天重生。我并不完全了解，然而这句话在我灵魂里点燃一点崭新的希望火花。

这年的尾声我在去澳洲服事的路上，当飞机越过太平洋之际，我的眼目注视到圣经的一节经文：正放在我的膝上打开在那里：**"我在远离家门的地方，心里忧闷，向你呼求。求你领我到安全的避难所。"**（诗篇 61：2）我特别印象深刻。从以色列来衡量，澳洲是地球上人所居住最远的地方。

"远离家门的地方，"我沉思着："那正是我将要去的地方！"我再读一次：**"我在远离家门的地方，心里忧闷，向你呼求……。"**那就是神要带我去澳洲的原因吗？可以比较没有那么多服事别人，可以多为自己祷告寻求神吗？

接着在澳洲的几周，祷告对我来说开展了新的面向，我完成所有答应的服事，但保留所有自己的时间来祷告。最大的高潮是我在阿德雷德的那周，我只需要傍晚服事，我每天把自己关在牧师住宅的边间客房里，我全人全心的祷告，大多数的时间我是仰脸向主。

我感觉像是在黑暗的隧道里开道路，在隧道的终点有个为我预备舒适与满足的地方，但除了经由隧道，没有别的路可以到那里去。

我花在祷告上的进展是以小时来计算，最后那周的最后一天我终于得到巨大释放，我感受到我已经走出隧道，来到隧道末端的光中。

在那个时刻我知道我与路得的未来是确定的，再也没有挣扎，没有困扰。在灵界的领域里，这事情已经解决了，我就是带着信心安静等候自然领域里动工完成这事。

接着几个月，我感觉像是注视着活生生的棋盘，主人的手在其他人事物到位之后移动棋子。关于我们的故事，我留给路得就她的观点来述说（在第 12 章）。只要说神在我的弟兄们心里动工，就跟他在我里面一样的强而有力就够了。正如我们一直信靠神，他也使路得得到完美的医治。

1978 年的四月，路得与我订婚了，十月我们结婚，Charles Simpson 为我们主持婚礼，并跟其他弟兄们一起把我们两人交给神。

有路得在我身边，我的服事进入一个新阶段。我在六十三岁这个年纪可以预期的是精神与活动力都逐渐衰退，然而相反的，我整个服事大大扩张到我从未想象的范围。短短的几年间—透过广播、书籍、卡带、亲临现场的服事—我几乎接触到全球的人，最令人兴奋的是我的广播节目接触到百万人，他们除此以外没有其他的方式可以听到神的话。

路得忠实可靠的爱以及全然的委身，使我有力量与信心得以接受神持续摆在我面前的挑战。但我们服事得以持续成功的基础是在于每天的代祷。借着这方式我们达到完全的"合一"——或是说灵里的和谐—因此产生无法挡的祷告。

当路得与我并肩工作，神就在我医治的服事里加添新的面向。现在通常我传讲一个小时或再多一点，然后当神以超自然的力量见证我所传讲的道时，两位同工服事病人约四或五小时，在这样的阶段快要结束前，路得与我有时按手在其他夫妇身上，将神给我们的超自然事奉能力同样传递给他们。

因着服事的扩张，神把我们带到更远更艰巨的旅程，造访更多的国家。由于天气、饮食、文化的不断改变，使我们承受很大的压力。在这种情况下，路得都能比我预先见到我的需要，且她一定能设计出令人惊异、精巧、绝妙的方法来供应。

在其他方面也是如此：例如管理与创意写作，神装备路得这些技术，满足这些需要，而我甚至不知有这些需要。我一而再、再而三地惊叹她的能力是如此与我互补，就像是手套与手的密合。我再度发现—如同我第一次的婚姻，神给我"一个适合我的帮助者"。在我的两段婚姻之间，我需要的本质改变，但神在第二次婚姻供应我需要的方式，就跟第一次一样，是完全没有瑕疵。

每一次神都根据他对婚姻的计划动工，就是他在人类历史起初所建立的，就像我与莉迪亚的婚姻，与路得的也是如此。神预知我所需要的妻子，他细心地为我预备她，将她安置于他引领我的路径上，向我指出她就是他为我所选择的。

同样的，每次神的计划都因着两人的合一产生更好的结果，这正是神对婚姻的目的。

见 证

放手

我写这封信向你表达我诚挚与深刻的感谢，谢谢你写了《**神是媒人**》这本书（我几个月前才买了这本书）。

我现在正经历同样的状况：从一年半前到现在为止，神给我五或六个异象：大概是关于我十八岁时所暗恋的一个男人。

我经过灵魂的暗黑期，黑暗的隧道、心碎与沮丧，在这些时刻，你的书就像朋友一般安慰我、给我力量、支持我度过。同时我也在破碎时刻，有好几次俯伏在天父前面，默想耶稣在客西马尼园中，时时刻刻寻求他的帮助、引导、安慰、力量来走人生的道路。

就和路得一样，当一些理所当然的事情未如我所预期的顺利进行时，我不断求问："神为何给我这些异象？"

就在前天当我心碎时，我再度俯伏在耶稣面前，求他安慰我。我每一步都顺服他，因为我爱他，因他先爱我，就像平常一样相思成疾泪流不止。

那时我拿起你的书，并再读一次！看到这段："神是叫我放弃她吗？当亚伯拉罕因为神要他在摩利亚山上甚至牺牲掉以撒，他就照作吗？"

我那时释放并交出这男人给神，不久，我想起大概去年神就要我将他交给神，但我还没完全了解这事的特别意义。

喔！我感受到非常喜乐、平安、如释重负。感谢你叶光明牧师，我真是感激你写了这么棒的书！

从现在开始，无论神透过这些异象带领我到哪里，在我以前觉得恐惧与不安的地方，我学习降服于他、信靠他。

顺带一提，我现在是一个四十一岁的离婚单亲妈妈，有一个十三岁的儿子，我前夫已经快乐的结婚。

再次的，非常感谢你，愿神丰富的祝福你跟路得。

P. C.,
新加坡

第 二 部

朝向婚姻的神圣途径

第四章

入口

我在第一章简短的列出关于进入婚姻的七项圣经原则，既然了解这七项原则是所有的基础，那么我在这里扼要重述一次会很有帮助。

在这整本书，我们会透过这些预备婚姻的原则，实际展现并探索许多真理：

1. 神自己以婚姻来开启人类的历史，亚当并没有参与在整个规画中，若非从神而来的启示，男人是无法了解，更遑论使这事成为他经验里的一部分。

2. 男人要结婚的决定乃是从神而出，不是从男人自己。

3. 神知道男人需要哪种帮助者，男人自己不知道。

4. 神为男人预备女人。

5. 神使女人出现在男人面前，男人不需要自己去寻找。

6. 他们共同生命的本质是神所恩膏的，最终目的就是合一。

7. 耶稣高举神起初对婚姻的计划，是所有成为他门徒的人必须遵守的，这在今日仍是有效。

由此可见，神为婚姻所订立的标准是挺高的，但不是无法达到的。全世界不同种族、不同背景的基督徒都能够见证神的计划是对的，任何愿意符合这条件的基督徒，都会在他或她自己的生命中经历到这份真实的美好。

我们在本章要来探索一个非常独特且重要的条件，这就像是踏入神为他百姓生活所预备的一个门坎、一个入口。所有为自己生命要进入他计划的人必须经由这入口，这特别是用在神对婚姻的计划，不过这也能应用在基督徒生活的其他领域。

在罗马书 12 章 1 节保罗把我们带到这入口来面对面："**所以，弟兄们，我以上帝的慈悲劝你们，将身体献上，当作活祭，是圣洁的，是上帝所喜悦的；你们如此事奉乃是理所当然的。**"保罗在罗马书此节之前用了 1～11 章详尽述说借着耶稣基督的牺牲，神对所有人类无穷尽的怜悯与完备的供应，这是他为所有人—无论是犹太人或外邦人所预备的，现在保罗讲到响应神：对我们每一位的要求简单且务实：**将身体献上，当作活祭**。

为了使他的计划成功，神所要求我们的就是一个牺牲，但为何保罗要强调这是个活祭？因为他是与旧约所献的牺牲做对照：旧约是将宰杀的头生祭物献在祭坛；神在新约要求每个相信的人，将自己的身体全然献在他的祭坛—但这是个活的身体，是活跃、且致力于他的事工与全面的牺牲。在新约里一如旧约并无差异，神要求完全、毫无保留的降服。

将你的身体献上给神，这个方式表示你宣告自己不再拥有主权或是控制权，不再决定要去哪？要吃什么？要穿什么？或要做什么服事。所有的这些都是由这位你已交出完全、最终控制的唯一独有的神所决定，既然他是你的创造者，他比你自己更知道透过你降服的身体，到底可以成就怎样的事。

身体的神圣

这样的降服第一个结果是使你的身体圣洁，耶稣在马太福音 23 章 19 节提醒法利赛人：祭坛圣洁—或是说使物圣洁—因祭物置于其上。并不是因任何其他的方式而圣洁，这也可应用到你的身体，当它是在神的祭坛上时，借此行动，它就是圣洁的，也就是为神分别为圣，使其圣洁。

对那些在婚姻里的人，这有特别显明的意义，因为婚姻是个联合，在这合一里是两个身体成为一个，从起初神就宣告："**二人成为一体。**"这是多么无价的特权，将这联合的一体成为圣洁！

不幸的是，今日许多年轻人借着毒品、不正当或是不自然的性行为、或许多低下的行为，滥用并污秽他们的身体，对这样的人，婚姻联合为一体有可能是圣洁的吗？使身体不再是羞愧的来源，是透过耶稣在十架上的死成就的祭坛，神提供一个圣洁的身体，即使是上述的这些人，都因着耶稣的宝血洒在祭坛上，"**洗净我们一切的罪。**"（约翰一书 1：7）

保罗警告哥林多的基督徒，天堂里可没有地方给那些：

"淫乱的、拜偶像的、奸淫的、作娈童的、亲男色的、偷窃的、贪婪的、醉酒的、辱骂的、勒索的。"

（哥林多前书 6：9-10）

他下述这些话语来做上面名单的总结：

"你们中间也有人从前是这样；但如今你们奉主耶稣基督的名，并借着我们上帝的灵，已经洗净，成圣，称义了。"

（11 节）

保罗写给同样这群人说道：" ……**我曾把你们许配一个丈夫，要把你们如同贞洁的童女，献给基督。**"（哥林多后书 11：2）保罗在这里描述的画面是多么令人难以置信的转化：从最低下的、最底层到无瑕的公义圣洁！这就是耶稣宝血的能力显在那些愿意将身体献在他祭坛上的人。

更新你的心意

罗马书 12 章 2 节保罗继续描述，在神的祭坛上献上身体的第二个结果是：**不要效法这个世界，只要心意更新而变化，叫你们察验何为上帝的善良、纯全、可喜悦的旨意。**

而响应你的降服，神会为你做到靠你自己意志做不到的事，他会更新你的心意，他会改变你思想的方式：这包括你的目标、价值观、态度、优先级等，所有的这些都会带到与神同一阵线。

这些内在的改变会显现在你外在的行为，你不会再同流合污、表现得像你身边那些不悔改的人一样；相反的，你会转化，且开始在你的行为上显现出神的本质与个性。

直到你开始经历到自己心意的更新，你就可以发现神所为你安排许多奇妙无比的事情。保罗在罗马书 8 章 7 节称这些旧的、未更新的心意为"肉体"，就是"肉体的，就是与上帝为仇；因为不服上帝的律法，也是不能服"。神是不会启示他的秘密，或是打开他的宝藏给与他为敌的心灵。

神对更新你心意之计划的开启是循序渐进，保罗用三个字来说明：**善良、纯全、可喜悦。**

你对神计划的第一个发现是：总是善良的；神的计划绝不会伤害或是恶意对他任一个孩子，在发现这点时，你可能要拒绝魔鬼的谎言，牠会持续不断的对你说：全然降服神，会使你失掉生活中所有兴奋跟有趣的事情。牠会对你耳语，说些负面迎合你心的话：你得放弃你所享受的一切……你就跟奴隶一样……那样的生活一点都没乐趣……你会失去所有的朋友…… 你永远也不得发挥……等等。

事实上，跟这个完全相反的才是真的。神的计划不仅是善良的，还是可喜悦的，全然降服神是进入充满挑战、愉悦人生的入口，除此以外并没有任何方式能经历到神。在这些年间，我遇到许多基督徒做出这样的降服，没有一个后悔。然而我知道有些基督徒遇到这样降服的挑战，却拒绝降服，结果—几乎没有例外，他们都经常挫折且不满足。

当你持续走在神计划的发现之旅，你会超越善良、可喜悦的，而达到纯全、完全的被神拥抱。神计划是纯全、完美、完全、没有漏掉一丁点，他遮盖你生活的每个领域，供应每项需要，满足每个渴望。

若婚姻是神为你计划中的一部分，那么你可以信靠他，神必为你与你的配偶在每个细节上动工，他会把你跟那个完全适合你的人连在一起，你们一起使你可以经历神原本设计婚姻该有的样貌，这可是比世界所梦想的还要更高的层次。

也许你从未做过这种向神全然的降服，你从未**"献上身体，当作活祭"**，也许你从来就不知道神要求你这样，但现在你正站在这入口—全面降服的入口，你渴望探索在入口这边的所有一切但害怕，是因你已经开始听见撒旦负面迎合你心的耳语。请容我

说我了解你的感觉，四十几年前我站在同样的入口，经历同样的
内在挣扎，渴望探索入口那边所有的一切，又害怕我得付出的代
价，我心里的疑问泛滥成灾，我的朋友们会怎么说？还有我的家
人？我在大学的职涯会怎样？最后我决定将我的一生交托给主。

我从那时起，一次也没有后悔过作这决定，也从未想要去撤
回这项决定，这开启我进入一个新生命的道路，且证明这生命比
我曾想象过或所能想象的更富足、充实，更令人兴奋，而且还包
括神在我连续两段婚姻中所安排预备的配偶，有件事我能完全肯
定的说：神的计划真是管用！

我无法强迫你通过入口，神也不会这样做，但我能向你显示
如何通过，所需要的就是一个决定，然后一个简单的祷告，如果
你准备好做这决定，以下就是一个你可以作的祷告：

**主耶稣基督，我感谢你在十字架上为我的罪献上你的生命，
以致我能得赦免并有永生。现在是我该行动了，我将我的
生命献给你，我献上我的身体在你的祭坛上当作活祭，从
现在开始我完全属你，使我成为你要我成为的样式，引导
我到你要我去的地方，开启你为我生命所作的计划。**

现在借着感谢神来封印你的决定，感谢他的聆听与接受你，
为你整个生命属他而感谢他。你成为他担负的责任，他会向你打
开为你计划的每扇门，他会完成他为你生命所做的每个计划与目
的。

如果在读这几页，或是更早之前，你已经向主毫无保留的委身，
我向你保证，如果你继续读这本书，并且遵守本书关于婚姻所提
供的建议，你会发现神为你生命的这一部分已经计划了，而且他

会实践他的计划，但是请记住：从现在起你不再自己做决定，你要寻求神的决定，且使其成为自己的决定。

还有件事也要记住：神把他最好的给那些把决定权交给他的人。

见 证

顺服带来的改变

1992 年二月我在纽泽西的罗崔佛的基督徒更新中心待了几天，恰巧看到你的一本书：《神是媒人》。我想要与你分享的是：圣灵真的透过这本书对我说话。在这本书中你分享到罗马书 12 章 1 节，我真的感受到神要我将身体献给他。我以前从未听过像这样的事，而且我确实对这有一些害怕，但我是如此绝望，想要神在我生命中有新作为，于是我顺服并把自己交在祭坛上。

这样的举动简直是在我生命中产生革命性的影响：1992 年中有好几次神透过圣灵对我说话，特别是在八月时的某个早晨，我在工作前散步，他对我说：我已呼召你，并将你分别出来。我以前不相信神会对我说这话，然而我一旦开始怀疑，像我之前就常如此，他就提醒我：呼召你的这位是信实的。后来我读《相约耶路撒冷》，而那本书也真实的对我的心说话。

我必须告诉你：借着我对罗马书 12 章 1 节的顺服，主真的改变我的生命，透过神的恩典，我了解到悔改的真实意义，而我就像是浪女一样回到我的父神身边。1992 年七月主告诉我：他要给我一个新心，将新的灵放在我里面，他确实这样做了。

悔改一直持续到现在，主只是一层层挪开，我从来不知道有这些，这是非常令人兴奋的。我也听过你的许多讯息，在那些讯息中扎入我心，令我蒙福的有："神写下你的状况"、"持续靠圣灵引导"、"若你想要神的最棒"这几个部分，当然还有许多许多。

透过这些我受到很大的祝福，我想对你说：谢谢你，并盼望很快又能收到从英国寄来的一批讯息。

最后请容我分享：我是都柏林市中央一个天主教修道院里大型祷告会的领袖之一，最近在"圣灵里的生命"研讨会中，我是最后一位讲员，讲题是"转化"。我分享罗马书 12 章 1 节以及这节经文如何转化我的生命，几乎所有参加者（大约三百人）从来没有听过这样的分享，那天晚上他们真是大开眼界，看见一条崭新的道路。

你真是位奇妙的人，我非常感谢神这样的使用你，并持续的使用你。我求他以一个非常特别的方式祝福你与路得。

A. M. 贺弗夏,
英格兰

第五章

培养态度

现在你已经把自己献给主当作活祭—结果是靠着圣灵，你的身体已成圣洁，而你的心灵已经更新—你站在一个位置，可以继续使你的生命合乎神的需求，你需要在这两个领域与神联机，那就是你的态度与行动。本章就是聚焦在四种态度，而下一章是八种行动。

将它们摆放在正确的顺序是很重要的：态度先于行动。在所有人类的行为中，态度产生并决定行动，忽视态度而聚焦行动是本末倒置。

这就是耶稣在登山宝训中主要强调的，摩西律法大部分聚焦于外在的行为：例如谋杀、或是通奸，然而耶稣强调的是内在态度：在心里的愤怒、仇恨、或是欲望。正确的行为绝对是从正确的态度来的，错误的态度不可能产生正确的行为。

如果你想进入神所计划的婚姻，我相信你需要培养四个特定领域的态度：第一、你对婚姻的态度；第二、你对自己的态度；第三、你对其他人的态度；第四、你对自己父母的态度。

特别是在上述四点中的第三点：你对其他人的态度，当然就是你对神为你指定配偶的主要决定因素。

你对婚姻的态度

首先，你对婚姻的态度要有两项条件：敬重与谦卑。

你是否预备好带着必有的元素—敬重走向婚姻？你是否视其如一神圣奥秘，是在神心意中从永恒所形成的，并且是为了人所无法衡量的益处与祝福所释放出来的？

每位思考到婚姻的基督徒应该要读，并再读保罗在以弗所书 5章 25-32 节所说的话：

你们作丈夫的，要爱你们的妻子，正如基督爱教会，为教会舍己。要用水借着道把教会洗净，成为圣洁，可以献给自己，作个荣耀的教会，毫无玷污、皱纹等类的病，乃是圣洁没有瑕疵的。丈夫也当照样爱妻子，如同爱自己的身子；爱妻子便是爱自己了。从来没有人恨恶自己的身子，总是保养顾惜，正像基督待教会一样，因我们是他身上的肢体。为这个缘故，人要离开父母，与妻子连合，二人成为一体。这是极大的奥秘，但我是指着基督和教会说的。

你知道保罗在这里所说的吗？人类婚姻是基督与他的教会在地上的对应关系，男人享受着与他妻子的合一，预表基督将要与他的教会联合—在这联合中，神这位创造者与受造者—人，亲密完美永恒的合一，只有神超自然的恩典能将一个男人与一个女人连结一起，进入一个关系中，这关系是预表无以能名的壮丽与神圣。

对此奥秘的虔敬沉思一定会把每个人带到我们认知的一个处境：主啊！我甚至不能了解祢为我在婚姻里所预备的，更别说我可以靠自己的力量达到什么，因此我将自己交给祢，并求祢教导我、引领我。

如果你有这样的态度，你可以像在诗篇 25 篇 9 节里一样安息：**"他必按公平引领谦卑人，将他的道教训他们。"** 神会在他的时间、以他的方式，把这个钥匙放在你的手中。

也许在这个点上，你会倾向说："这对我来说太崇高－太困难，我既不配，也没这能力。"

如此的反应不一定是错的，许许多多不快乐的婚姻是因为人们走进其中，却没有认真考虑婚姻所需要的。不幸的是，非基督徒如此，包括许多基督徒也是如此。

那么在这方面你面对的第二个主要问题是：你对自己的态度。

你对自己的态度

自我价值感是使你生命成功的一个重要元素之一，不仅是在婚姻上，这也是借着你对基督的信心可得到的许多无价好处的其中之一，但也许你还没发现这点。

许多个人的问题可能会涌上心头："我的童年并不快乐"、

"我的父母离婚"、"我一事无成"、"我跟别人相处不自在，特别是异性"、"我真的不觉得生命对我有何意义"等等。

所有这些可能都是事实，但如果你是基督徒，这些已经不再相关，听保罗怎么说的：**"若有人在基督里，他就是新造的人，旧事已过，都变成新的了。"**（哥林多后书 5：17）

透过重生你已经成为新造的人，神并没有把你原本的样子拿过来，然后做局部调整跟改良，而是把你整个重新制造，从内到外。就神所关心的不仅是赦免你过去的罪与失败，这些相关纪录是完全删除、一笔勾销。你拥有一个全新的开始，就看你自己是否要用信心领受，并接着行动。

在自然界的次序中，从父母亲来的爱、关心、纪律是人自我接纳与自我价值的最基本基础，因着这样的背景，人得到自我认同，知道自己是谁以及从何处而来。然而从二次大战后，这点因着父亲角色的失职或是软弱而改变了，又因着同样失职的母亲，或是挣扎成为双亲角色但却不成功的妈妈，因此我们面临着失亲的一代，这些孩子长大成人后里面却带着缺乏与不安。

这是许多婚姻及其他亲密关系崩裂的主要原因，很难与没安全感的人相处，他们不能安稳待在一段关系中，持续需要有些什么来加强自尊，但没什么东西能永远令人满足的。这样的人不知道如何接受爱，因此他们也给不出去。两个伟大诫命的第二个就是要我们爱我们的邻舍，如同我们爱自己，若是我们没学习到如何爱自己，我们就没东西给邻舍。

借着在基督里的信心，对今日普遍状况，神提供我们属神的修补方式，他成为我们的天父。他个人收养我们成为他的孩子，他使我们"受接纳成为心爱的"，也就是说在耶稣里，我们不再是流浪儿或是孤儿；不再是异类或是陌生人。我们属于宇宙界里面最好的家庭，就是神的家，因为神接纳我们，我们可以接纳自己，若不能做到这点的，简单的说就是不信。

就合法性来说，从我们重生的那刻开始，所有的这些都是事实，然而从经验来说，我们需要培养出一种持续发展的态度，明了我们已成为神家的一份子，要达到这样的目标，需要长时间定睛在神话语的镜子上。在这里我们可以常常看见一个又一个阶段、一点又一点的成长。神儿女的意义是什么：就是当我们定睛这属神的镜子时，神的灵就在我们里面动工，转化我们更像我们所定睛仰望的那一位。

这就是保罗在哥林多后书 3 章 18 节中所描述的过程：**"我们众人既然敞着脸得以看见主的荣光，好像从镜子里返照，就变成主的形状，荣上加荣，如同从主的灵变成的。"**

一旦你建立对自己合宜的态度，基于你与神，亦即你的天父的关系，你就准备好思考第三点：你对其他人的态度。

你对其他人的态度

在人类历史的开始，人对神的悖逆及其后的堕落，把自己关入一个狭小的监牢，从那时开始，自我中心就成为魔鬼对人类生活影响最显著的地方。在服事释放那些受邪灵折磨的人，我观察到这样的人几乎总是极为自我中心，他们喜欢坐在那里咨商数个课程、好几小时，以令人疲累、巨细靡遗的细节，详述他们所有的问题。他们未能明了：他们说得越多自己的问题，是使自己监牢的栅栏越来越坚固。

借着基督的救赎而有的一个极大影响是：我们从自我的监牢中得释放，与基督认同使我们可以像他一样与他人连结，保罗解释这应是如此运作的：**"各人不要单顾自己的事，也要顾别人的事。你们当以基督耶稣的心为心。"**（腓立比书 2：4-5）

婚姻的破裂或是不快乐有两个基本原因：双方或是一方缺乏体贴，以及缺乏敏锐，这会导致沟通的断裂。

这些基本问题会在不同的行为当中扩大，端看其所涉入的个性部分。有些最明显的扩大是在：性方面的不忠；辩论争吵；每一方都走他或她自己的路，建立出各自分离的生活。所有这些点放大后带来一个共同的后果：他们使得神对婚姻的最终目的—合一，产生顿挫。

神救赎的恩典提供我们两个正面的解药：欣赏与感谢。欣赏是内在的反映，感谢是外在的表达。合在一起是种润滑剂，可以保持两人一起倘佯在和谐中。

所以努力培养这两个特质！每一状况与关系都要以此正面态度去面对，找出别人身上好的特质，无论大小，当你发现某项优点，一定要明确表达你对此的欣赏，这会使你自己容易与人相处。在你生命中所有的关系中操练这点，在适当的时候，你就会在婚姻中收割从中得来的好处。

让我们假设你很认真地为寻求配偶祷告，天父听见你的祷告，因此你可以信靠他正在为你预备，完全是你所需要的配偶，每个细节都是正好。但因为他是如此充满爱的天父，他不会将他任何一位宝贵孩子交给你做配偶，直到他确定你会对待对方如同每个神的孩子所配得的对待方式。

还有一个重要态度要思考的：就是你对自己父母的态度。当你发现这点居然也是成功婚姻的一项要素，也许会很惊讶，然而，是的，这态度包括在里面。

你对自己父母的态度

使徒保罗引用第五诫命并评论如下：

你们作儿女的，要在主里听从父母，这是理所当然的。"要孝敬父母，使你得福，在世长寿。"这是第一条带应许的诫命。

（以弗所书 6：1-3）

保罗指出，遵守前面的四诫并未伴随着应许，但第五诫孝敬父母，神加了一个特别的保证—"使你得福"，同时这应许暗示了一个条件：如果你想要在世得福，你一定要注意，要尊荣你的父母。相反的，如果你不尊荣父母，就别期待会在世得福。请记住，你可以尊荣父母，却不必同意他们的每一个看法，或是为他们的所作所为背书。你可以在某些事情上面极不同意他们，然而对他们仍维持一个敬重的态度，以此方式尊荣你的父母，也是尊荣神，因为是他给你这条诫命的。

我深信：对父母合宜的态度，是神赐福在个人生命的主要条件。在这些年来，不管是在教导牧养咨商或是其他方式而接触服事的基督徒，我从来没有遇见一个人对父母态度不好，却能享受神的赐福。这样的人可能对基督徒生活的各方面都很热心；在教会很活跃；服事很有活力；在天堂可能也会有个位子等他，然而在他的生命中总是缺少神的赐福与恩宠。

另一方面，我看过许多基督徒，当他们认知到对父母的态度错误，就为此悔改，并作需要的改变，他们的生命就大大的翻转。我记得有位弟兄，他将生命的苦毒与仇恨都归咎于他的父亲，虽然他的父亲已经过世，后来他走了数百里的旅程去父亲的墓园，跪在他的坟墓前，向神倾倒他满心的忏悔与悔悟，直到他知道他的罪已得赦免，且已从这些苦毒邪恶的影响中得释放后，他才起身。从那一刻起，他整个生命的轨道从挫折转向得胜与满足。

许多年轻夫妇在婚姻的困难中挣扎，不知那些难题是怎么来的，他们对神、也对彼此委身，在他们之间是有真实的爱，然而明显缺少神的恩宠。在这样的状况中，我总是建议他们检视他们对父母的态度，并且照圣经所说的做改变，通常他们的婚姻都会从岌岌可危改变为成功美满的状态。

在这个双亲失职的年代，我们要了解许多年轻人不满、抱怨是合理的，他们通常成长于纷争不休的家庭，没有得到每个小孩从父母身上应得到的爱、关心和管教，然而这也不能合理化那些因愤怒或悖逆而产生的不良态度。更进一步说，这样的态度对那些庇护他们的人是极度伤害，从长远来看，这样的态度比身体疾病，例如癌症，还更致命。

有次有一位年轻人找我咨商，他已经与一位可爱的基督徒姊妹订婚，他真诚地爱他的未婚妻，然而有时他对她的态度会变成仇恨、愤怒、接近暴力边缘。令他惊讶的是，我一开始就问他对自己父亲的态度，而非他对未婚妻的态度。

他承认他恨自己的父亲，且从孩提时期就对他非常悖逆，我劝服他承认这是个罪，放下他的叛逆，原谅他的父亲，从那时起他跟他未婚妻之间再也没有那种问题。若他没有从他对父亲错误的态度中悔改释放出来，这终究会毁掉他的婚姻。

最后的分析：培养对父母的正确态度，并不一定是指向高层次的属灵境界，这仅是对自我的启示。

"若是我的父母要我去做一些不对的事情、一些跟圣经相违背的事情？"年轻人也许会这样问道："难道说我必须服从他们吗？"

对这问题的答案是强调加重语气的不。若是在顺服神与顺服父母间真是清楚的一分为二，我们的回答一定是彼得在犹太公会上说的："**顺从上帝，不顺从人，是应当的。**"（使徒行传 5：29）就另一方面来说，若这仅是个年轻人放下自己意愿的问题，在这里面也没有牵涉到不顺服神，这样的情况，那么顺服父母的条件仍然成立。

然而最重要的事情不在于服从，乃在于降服，顺服是行动，但降服是种态度。甚至在某种状况一位年轻的基督徒决定顺服父母，就会不顺从神，他仍可保持这种降服的态度，他可以这样对父母说："在这状况，我的良心不允许我做你们要我去做的事，但我仍尊敬且尊荣你们。"

一位年轻人尊敬、降服的态度通常会带来他父母态度的改变，降服是为神的介入铺平道路，而顽梗则会把他挡在外面。

总结地说：记住耶稣在马可福音 4 章 24 节的警告："**你们用什么量器量给人，也必用什么量器量给你们，并且要多给你们。**"你怎么对待别人—父母、家人、朋友、教会弟兄姊妹—会决定别人对待你的方式，更重要的是这会决定神对待你的方式，你用什么量器量给人，会同样量回给你。

见 证

盟约的力量

我们要大大的感谢你以及你的事工，就在这周，主非常清楚的对我们说话：是关于他已经呼召我们成为一对。感谢你们两人顺服圣灵的指引，彼此分享，并宣告神的话。你们两位对我们是如神人般的范例。就我个人而言，路得，我要感谢你，因你就是合神心意的女性的典范，我在神里的渴望就是认识我的神，而你个性的力量与灵命真的是点燃了我，也搅动我跨出舒适圈走出去。

如你所知：甚至在我们彼此求婚之前，神就使用你们在我们生命中动工。我们要为《神是媒人》这本书感谢你，当我们单身喜悦地事奉神，神把我们连结一起，婚姻的初期并不稳定，但我们在这寻得稳定的力量，因为我们了解盟约的神圣性。谢谢你的《婚姻是一个盟约》，这在我们就要进入婚姻的这个行动时，对这件事产生极大的敬畏。如果当"爱的感觉"不在了 的任何时候，我们将选择相爱。所以我们发现约定的力量在婚姻与服事中都令人敬畏，我们也向我们知道的每对订婚男女推荐这本书。

强纳森要求我写这封信，并告诉叶牧师：他觉得神令他印象极为深刻，且必须传讲的第一批信息就是从你而来的"被拒绝：成因与治疗"。他已从被拒绝中释放自己，所以当他传讲这信息（带着自己亲身的释放经验），教会里差不多四分之三的会众，被神大能美妙地全面性的触动，借着圣灵得释放、得医治，赞美主！

我们衷心的、大大的感谢你，你对我们是非常宝贵，也常在我们的祷告中记念。

J. & K. C.,
英国

见 证

不敬虔社会中的清流

我刚读完《神是媒人》这书，我觉得这本书是我在婚姻这方面主题中所看过最好的一本，特别是对我们这些单身的人。

身为一个非洲人，在这坐三望四的年纪，还是单身，确实是对心理与社交方面造成问题，直到昨天我读完这本书，我真是觉得松了一口气。这书使我确信我对婚姻及维持的概念并没有错，这跟我从社会得到的想法是相反的，这一直是我仍然单身的主要原因之一，寻找到想法与生活跟这本书所教导一致的女人，这真是困难的，而她也要愿意能远离一般世俗文化的婚姻及状况，因为就这大多的例子来看，世俗文化是相当不敬虔。我因此书非常感谢你，愿神丰盛的祝福你及你劳苦的果子。

R. T.,
非洲

第六章

引领我们走向成功婚姻的行动

你曾仔细注意这些使你建造成功婚姻的基本态度吗？如果有的话，而且你也找到并遵循这个途径，走向你想要的婚姻，现在是要好好想想在每天生活中需要练习行动的时候了，本章所列的八项行动都是根据经文而来的。

然而在你开始读这八项之前，需要了解它们不是一套固定速成的规则，基督徒生命的成功不仅是持守这些规则就可以了，实际上通常都会遇到挫折，因为没有掌握住律法与恩典的不同。

律法是透过一连串外在的规定，刻在石板上来运作；恩典则是透过圣灵将律法写在人的心板上来运作，只有被称为"神手指"的圣灵能到人心的隐密处，写下这些生命的律法，离了圣灵，恩典无法运作，基督教仅成为一套标准太高的道德系统，任何人都无法靠自己的努力达到。

我的心回到雷马拉的家，这是我跟莉迪亚结婚后住的第一个家，在客厅的角落放着一个遍地蔓延的盆栽，有着细长光滑的叶子，阿拉伯文是 dahabiya "黄金植物。"这些年来它已经从这端的墙，一直往上长过去到天花板，到正相对的另一端角落。

莉迪亚用一个非常简单的方式引导它，让它长成她希望的那样，它走的路径—先是从墙壁往上走，然后经过天花板—她用许多突出大概约一英吋的小钉子，因造物者在它里面内建了某种直觉，它就往外延伸，这植物会对每个连续钉子伸出卷须，把它自己卷在上面，然后往下一个钉子前行，因此钉子决定植物的往上与前进的方向。

我希望你使用本章里这一系列的教导，就像是在墙上与天花板上使用的钉子一样，不仅视之为行动的规则，且是指导原则，借着圣灵在你里面的能力与感动，抓住每个连续的指导原则，在每天的生活中操练这些原则，直到稳稳牢固的抓住它，然后再伸向下一个原则，记住这需要许多持续的祷告。

所罗门在传道书 12 章 11 节给神百姓教导时，也是用与上述类似的画面来描绘：**"智能人的言语好像刺棍；会中之师的言语又像钉稳的钉子，都是一个牧者所赐的。"**

现在回到这些原则，用那样的方式来看，他们就像刺棍，在你基督徒的生活中刺激你，就像是钉子，用你信心的卷须伸出抓住，也要记得他们都是由一人所教导的，就是主耶稣，他是你灵魂的牧人，他爱你，为了使你得到最好的，作了完善的供应。

顺服神的话

指导原则的第一条就是：**"你的话是我脚前的灯，是我路上的光。"**（诗篇 119：105）

大卫在这里描述：我们如何能发现神为我们在人生中预备的道路？我们所需要的亮光是由神的话语来供应，只要我们操练在每个状况顺服他的话，就绝不会偏离神为我们指定的道路，我们也许不能看见这路径将带我们到何处，但我们能确定在他的时间，他会带出成就，就是他为我们生命所安排的计划。就这一点，我在所著的关于诗篇的分享文集《漫步诗篇的后花园》中也有所提及。

将会有这样的时候：就是我们周围的世界都在全然的黑暗中，在任何方向都无法看到数呎以外的地方，前方也许有未解决的问题，在角落也许有危险，我们在这当中只有这个保证：无论在任何状况下，只要是神启示的话语，我们都诚挚的顺服，我们就绝不会行在黑暗中，绝不会踏入那些使我们跌倒受伤或灾难的地方。这个保证只应用在一个领域：我们栽种下一步的地方。神未应许我们能看到超过一步之远的前面道路，超过那里，我们就可能无从得知有什么等着我们，不过那不是我们要关心的。神所要的就是：单纯的顺服他的话来走下一步。

我们最大的危险就是：在黑暗中想要看比较远，如此作，我们可能错过我们该走下一步的地方，因为那是在那时候唯一会照亮的区域。

安息并顺服神的话，可以确保你一直走在他为你计划引到婚姻的路径上。

行在团契中

指导原则第二条：**"我们若在光明中行，如同上帝在光明中，就彼此相交。"**（约翰一书 1：7）

这项原则自然是跟在第一条顺服神的话，且行在他的光中后面，第二原则是接着处理走在光中之后**"彼此相交"**，顺服神的话自然带出基督徒在一起，彼此相互请教。

相反的一面也是事实：当基督徒不享受与其他基督徒的团契，就不是行在光中，在他们生命中有某领域并未顺服神的话，唯一例外的情形是他们处于非自己所能控制的一些情况下，因此不得不与其他基督徒隔绝，像我在北非沙漠最后的那几个月就是如此，另一例子是基督徒因信仰而入狱。

除了这些例外，与其他基督徒的团契关乎信徒生命的成长与进步，这既是行在神话语、光中的试验，也是结果。

如果我们不培养与其他信徒的团契，那我们要跟谁团契呢？只有一个其他选择—与非信徒，圣经强烈的警告我们这点：

你们和不信的原不相配，不要同负一轭。义和不义有什么相交呢？光明和黑暗有什么相通呢？基督和彼列（彼列就是撒旦的别名）有什么相和呢？信主的和不信主的有什么相干呢？

（哥林多后书 6：14-15）

保罗并非告诉我们对非信徒的邻居要冷淡，或是憎恶。他只是简单的警告：我们是无法负担与非信徒建立像跟信徒一样亲密关系的代价。很明显的，在他心中想到各样的关系，不过首先他使用的字是"**轭**"，这字常常使用在婚姻关系里，首先、

也是最重要的是，保罗警告：一个基督徒与非基督徒结婚总是不对的。

我对每位正读到这部分的未婚基督徒说以下的这些话，并不会武断：你不能有这自由与非基督徒结婚，你甚至不应该怀有这样的想法，若你没有这样作，那从现在这时刻下定你的决心吧，与非信徒的婚姻就不是走在神为你生命计划的道路里面。对错误关系的最好保护就是在对的关系中要辛勤耕耘，然后要与其他基督徒培养团契与友谊，在大多数状况下，婚姻是从现存的关系中发展未来，如果你已经与其他基督徒建立深厚关系，甚至就不太可能考虑与非信徒结婚。

你最安全的路线是：现在就决定你要陶塑哪种关系，然后用诗人的话向主确认你的决定："凡敬畏你、守你训词的人，我都与他作伴。"（诗篇 119：63）

靠圣灵带领

第三条指导原则："因为凡被上帝的灵引导的，都是上帝的儿子。"（罗马书 8：14）

新约指出，圣灵动工的两种不同方式，使我们成为神儿女：首先，为了成为神的孩子，我们必须由圣灵重生。而后，为了成为神成熟的儿女，我们必须由他的灵引领。许多基督徒借着圣灵重生之后，从未学习到如何被圣灵带领，不难想象，他们从未在灵里成熟，或是从未发现神对他们生命的完全计划。

想想看如何将之应用到寻找适当配偶的需要，你可能住在美国这个超过三亿一千万人口的国家，或是你可能是住在英国超过六千万人口，千百万人当中，神预备了这么一个特别的人成为你的配偶，可能是一个你尚未认识的人，甚至你还不知道他的名字，再加上你预定的配偶可能根本就不住在同一国家里（就这点而言，我的两段婚姻皆是如此）。你如何找到那个人呢？用海里捞针这比喻来说明这个问题的复杂性再贴切不过了。神的话指示了答案：靠着圣灵引导。唯有神知道—他为你预定的配偶是谁？在哪？因此你必须学习让圣灵引导你。

对于这点有两个关键词：倚靠与敏锐。首先要知道你必须完全倚靠圣灵，若不借着他引导，你会错失神的目的。必需养成这个习惯：无论大事小事，在每一状况与每个决定都寻求他的指引。有时你觉得这些不重要的决定其实是最重要的，反之亦然。寻求圣灵的引导并不必在祷告中使用一堆宗教语言，通常就是在当下，将内心的思想单单转向他。

其次，养成对圣灵敏锐：他不是演习的教官，不会向你大声下指令，他的提醒通常都很温柔，他是"微小的声音"，如果你的耳朵没有转向他，你不会听见他的。

请容我向你推荐一个特别的祷告，路得和我几乎每天都会这样祷告："主啊，请帮助我们总是在对的时间、在对的地方。"我们带着这样的知识祷告：唯有圣灵能使这事发生。

而且结果通常挺有趣的！有个下午，路得和我走到市中心买些东西，那时我们的女儿洁西卡与我们一起住在耶路撒冷，

当我们走在主要街道上时，我对路得说："我觉得我们应该走到对面去。"我们就这样作，然后继续走着，不到一分钟我们就遇到一对夫妇，他们是洁西卡的朋友，只待在耶路撒冷半天，而且正想跟她联络，但是并没有我们的地址或电话，同时洁西卡正在家中，觉得需要属灵的同伴。

借着这街上偶遇，洁西卡的朋友得以与她联系上，因此他们在傍晚有个美好的团契。若是路得和我没有在那个当下过街走到对面去，就不会有这场偶遇，谁督促我们这样做呢？当然是圣灵。

想象你自己在这样类似场景：你开着车顺着路往前，想要找个地方买汉堡，在路的两边各有一家，有位你从未见过的年轻人在其中一家工作，那就是神为你预备的配偶，"某感"在你开车的手推了一把，你就转到左手边的那家，在停车场停好车，走进里面巧遇一个认识的人与一位年轻人，那人就像你一样，也为神所拣选的配偶祷告许久，在适当的轨道，你发现这就是神为你们二人预备的约会。

谁是你的那个"推手"？圣灵。但你若没有响应那个推动，也许就错失神为你生命预备的计划，所以仅仅祷告是不够的，你必须容许圣灵引领你来响应你的祷告。

有时圣灵带领我们的方式是超自然且非常戏剧化，其他的时间他是透过轻推或耳语，我们要对两者都抱着开放态度，如果我们不对超自然开放，就是武断的限制神对我们的生命计划，他可能计划某事是超过我们目前自然的期待，而这只能透过超自然的方式向我们启示一例如借着异象或是预言。另一方面，如果我们只看戏剧化超自然部分的话，我们可能就错失温柔的轻推或耳语。圣灵会如何动工，不是我们能事先决定的，无论他是如何带领，我们必须对圣灵敏锐。

保守你的心

第四条指导原则是："**你要保守你心，胜过保守一切，因为一生的果效是由心发出。**"（箴言 4：23）

有个区域是人个性的中心，也对命运有决定性，这就是圣经所称的心。无论是什么掌管你的心，就会决定你人生的轨道，你需要保守你的心，要比你的其他领域更加谨慎，这尤其要应用到与性相关的冲动与感情。

首先，对于任何进入你心的东西要保持警觉，在现今文化中一些讯息不断侵蚀圣经里面对性与婚姻的标准，尤其中针对年轻人持续轰炸：透过小学、中学、大学的教导、透过媒体、同侪压力，还有透过其他不易察觉的方式。若想要寻找神在生命中为你所计划的婚姻，一定要保守你的心，拒绝让任何非圣经及敌基督的标准进入你的心。

另一点是要将幻想排除在外。在青春期的某个时期沉溺于许多白日梦是很普遍的，但不要养成习惯。若是你有这样的倾向，坚定的抗拒并强迫自己面对现实，不然你会走到一种难以分辨实际与幻想的状况，而当来到适婚阶段，你对未来的配偶已经形成一种不实际又主观的形象。

它会以两种方式影响你：首先，神所为你预定的配偶可能不符合你幻想中的形象，你可能不愿意接受他的选择，或是你可能将幻想的形象硬套在一个真实的人身上，并且跟这人结婚—结局就是在婚后离婚，这个真人与你想象的完全不同，也自认为这完全不是神为你选择的那一位。

关于从心发出的—可一点也不能掉以轻心，不要放纵自己与异性调情，或是在肤浅的关系中挑逗某人的情感，也许当时令人兴奋，一旦容许你自己情感被搅动，某天你可能会发现自己已经无法控制情感了，就像是巫师的学徒，发现在洪水中释出水的方法，但不知道怎么收回，你会发现没办法召回自己放出的情感，结果就是你与一个根本不适合作你配偶的人情感纠结不清。

以下是一个可以遵循的安全规则，首先，寻找神所为你选择的配偶，然后向这人释放你的感情，这样你就不需召回洪水了。

等待！

第五条指导原则：**"从古以来，人未曾听见、未曾耳闻、未曾眼见在你以外有什么神为等候他的人行事。"**（以赛亚书 64：4）

你可能会发现这条指导原则是所有里面最难遵守的：预备好自己来等候！以赛亚在上述这段讯息中告诉我们：宇宙中只有一

位真神，他的一个明显特性就是他"**为等候他的人行事。**"神并非总是要他所有的孩子等候他所选择的配偶，有一些人在人生早期就找到他们的配偶，一点都没耽搁就进入成功的婚姻，然后生活一辈子到最后。婚姻是我们必须俯首于神全权主宰的领域之一，若是他很快将我们与选定的配偶连结一起，我们赞美他；若是他要我们等待，我们一样要赞美他。神行事是根据他对我们的了解，且根据他对每个人生命的特别计划，若你是神要求等待的其中之一，鼓励你，神对许多他选中的仆人，要求他们等待很长的时间，以实现他所应许的（目的）。亚伯拉罕一直到一百岁才等到应许的儿子以撒出生；摩西等了八十年，才带领以色列人得自由，其中还有四十年是待在沙漠里；大卫从首次被恩膏为王，到他真正为王，等了十五年。教会等耶稣再来，等了两千年—现在仍等候。

神使用等候来完成在我们生命中的不同目的，首先，等候会试验我们的信心，只有那些真正相信神供应的人，会预备好等候。使徒彼得警告我们如同金要靠火来精炼，所以信心要靠试验来精炼（见彼得前书 1：6-7），只有通过试验的信心，才会被神视为真实的。

其次，等候炼净我们的动机，如果神要你等候你的配偶，那你需要问自己：我为何渴望结婚？因为是神为我而要我结婚？或我是为我自己而要结婚？我是为了神的旨意而有这动机？还是为了自己的意愿？等候会提供你自己对这些问题的答案。

第三，等候塑造我们的个性臻于成熟，雅各告诉我们："**因为知道你们的信心经过试验，就生忍耐。但忍耐也当成功，使你们成全、完备，毫无缺欠。**"（雅各书 1：3-4）。当一个人学会了等候，就不再随着情绪的上下起伏，他或她已经养成自信与稳定，而在神的时间，这些性格会在建造稳固成功的婚姻中，显示出难以衡量的价值。

计划重生

第六条指导原则：**"我实实在在地告诉你们，一粒麦子不落在地里死了，仍旧是一粒，若是死了，就结出许多子粒来。"**（约翰福音 12：24）

耶稣表达一个简单的原则，这在整个大自然以及在神百姓的生命中都是如此运行，这警告我们预备好死亡以及重生。

就像前面的原则一样，此原则也不见得可应用到所有为婚姻计划寻求神的人。就我的情形来说，这应用到我的第二次婚姻，但不适用于我第一次的婚姻。我把这条囊括进来，是因为我从经验上学到这是多么重要。在我遇见路得之后，我知道神在我心里种下一个爱她的"种子"，然而我必须看着它落到地里，而且死了。若我当时不明了且不接受这原则，可能就从未挤压生出这样的信心，帮助我撑过，进入神所为我们预备的重生。

那时我跟神摔角，处理生命里的事情，我哭喊着：主啊！为什么你给我这，然后又把它要回去？为何这么多祢赐福的事都要经过死而后复活呢？

我觉得神给我以下的回复："因为当我重生某事时，我是使它重生成为我要的样式，并非它原本的样子。"

这确实是路得和我之间关系的写照，经历死与重生给予它一种深度与确据，是绝对无法从其他方式得到的，若是神也这样带你经过类似的经验，我相信我们的见证也许可以给你一些需要的鼓励。

寻求属灵的咨询

第七条指导原则：

> "愚妄人所行的，在自己眼中看为正直；惟智能人肯听人的劝教。"
>
> （箴言 12：15）

> "愚妄人藐视父亲的管教；领受责备的，得着见识。"
>
> （箴言 15：5）

前一章在谈到培养正确态度的时候，曾强调过父母祝福的重要性。这提供了一个基础，使你在每个生命领域能有成功的建造，特别是在婚姻上。即使你与你的父母并非在每件事上都看法一致，这还是很值得操练：耐心与自制，以至于在他们祝福的基础上建造。

除了父母的特别祝福，若你是个年轻人，这对你是非常重要，寻求属灵人士的意见，像是牧师，或是教会的其他领袖，不管在年纪或灵命上，比你年长的人。这样的人已经走过现在你前面的这些道路，他们知道这些网罗与危险，而且他们也曾有过机会去攀登高山，也因此有更宽广的视野，见识到更多风景，你能从他们的看法得到许多帮助。

今日的年轻人有个倾向：只向他们的同侪咨询，但同辈能提供的主要是基于理论，或顶多最好的就是头脑知识，他们仍须在经验上证明他们的理论是否行得通。向年长者寻求咨询，他们在年轻人需要引导的人生领域有成功的经验，这是智能与谦卑的记号，若你们能养成这样的习惯，常常如此行，这会帮助你们的脚步一直行在通往神为你们计划的路径上。

寻求神的恩宠

第八条指导原则是：

> "房屋钱财是祖宗所遗留的；惟有贤慧的妻是耶和华所赐的。"

（箴言 19：14）

> "得着贤妻的，是得着好处，也是蒙了耶和华的恩惠。"

（箴言 18：22）

在这些箴言里面交织着两个真理：首先，贤妻可是神所赐予的礼物，其次，这个礼物是个记号，显示接受这礼物的人，

是他特别施恩惠的人。所罗门从男人的观点来呈现这些真理，不过，对女人来说，这推论是明显的真理。对她也是：从神而来的合适配偶是个礼物，也是神恩宠的记号。

这带出一项重要且实际的结论：无论对男性或女性，若你想要神给你一你需要的那种配偶，有一件事是你必须优先做的：你必须勤快寻求神的恩宠，你最高的企图一定是满足他，然后对每个状况、每个决定都以一个最重要的问题来思考：怎样可以使神喜悦？若你殷勤寻求什么使神喜悦，他也会令你喜乐。

大卫描述以此方式寻求而得着从神来的响应："又要以耶和华为乐，他就将你心里所求的赐给你。"（诗篇 37：4）若你发现自

己最大的满足是在神，他会以两种方式响应：首先，他会把那些关乎他对你的最高旨意种在你的心田，然后他会带领你实现。

要有成功的婚姻需要这八个行动原则的引导，这些可以总结如下：把神的恩宠作为生活的最高目标，你就能自信的交给他来做选择，由他来预备你的配偶。

见 证

更亲近神

我在此要感谢你，并寄给你简短的见证，免得我的心一直记挂着这事。

十年前我从中国来到美国念书，在美国成为基督徒，并嫁了位美国人，现在跟着他参加他在此地的循理派教会。

我的姑姑去台湾的时候受到圣灵的洗，也能说方言。在 2000 年时她寄给我几页中文版—就是从你的书：**《你可以选择祝福或咒诅》**来的。那几页是说你如何发现以及除掉一套刺绣，上面有四只手工精致的龙。我那时已经是个信主五年的的基督徒（我有受洗），但我相当抗拒这样的信息，因为就像许多华人，即便到今日亦如此，我们认为龙是好运的象征，如你所说的，这在我们的文化中已经根植许多世纪，要拒绝是非常困难。

然而我对这些信息很有印象，于是开始去注意这些事情。有位著名的中国基督徒学者，他特别研究这个主题，我买了且读完他的书，他得到与你一样的结论：在中国的龙就是圣经里讲的龙。

2001 年我回到中国探访我的姑姑，她给我你的另一本简体中文版的书，就是那本你跟路得写的：**《神是媒人》**。这立刻引起我的注意，因为我正好奇为何一位圣经教师会有两个老婆。

我回到美国后，真是要为着网络感谢主！我用自己的英文把译成中文书名再译回来，居然在亚马逊网络书店找到这书。赞美神，我找到这本书，也发现你的英文名字，我买了这本书并且读完，真是打开一扇了解并与神沟通新领域的门。

简单的说，我除掉所有错误的神祇形象跟书籍，包括我以前非常喜爱的龙。我也订购你的讲道信息，一旦我定意要得释放，我遵照你在"基本释放：如何驱逐仇敌"信息里讲的方法祷告，我有很强烈的身体反应，包括呕吐。但是并没有实际的东西吐出来，不久，说方言的恩赐就临到我，我也从重大忧郁中得到医治，现在我身边有一群忠心良善、为主所用的基督徒围绕着。

我们为一个得绝症，有类似龙、算命背景的华人做释放医治的祷告，主对保罗牧师说这人会得医治，我被赋予责任要对这人传达关于咒诅与祝福的信息，以致于他能认同这信息，并增加自己的信心。

我无法计算有多少个祷告蒙应允，以及从那时起许多神迹奇事的发生，但我正在等待亲眼见到这人得医治。我犯过许多罪，有些还真是挺严重的，但你的书籍、录音带在带领我走向神得赦免与释放，这些方面给我很大的帮助，我身处的环境是既极端、基本、保守又自由的教会，然而神借着在中国的姑姑以你的教导，带给我祝福，我真是惊异神的大能与恩典。

H. L., Houghton,
密执安州

见 证

仰望耶稣

因这本书《神是媒人》赞美你、赞美神，这给我重新的喜乐来等候，并因我的永恒良人而满足，为我所挂念的爱人来预备自己。我订购了八本要分享给一些单身的朋友。

P.W. 派瑞，
佛罗里达州

第七章

男人为婚姻所做的预备

从单身进到婚姻是一个人的人生当中最重要且最具挑战性的转变，任何人想要成功地做好这样的转变，就需要谨慎彻底地做好准备。进入这样的变换，却没有充分准备，就像是没有先学游泳，就跳进深水，结果通常是灾难连连！

任何人预备进入一种商业贸易或是专业技能，例如医药、木工、手艺等，在开始预备之前，都需要有个清楚的想法，打算成为什么模样。婚姻亦然，人预备婚姻也要对他或她需担任的角色有个清楚画面。

一个男人为婚姻所需的预备和女人需要预备的不同，这有很明显的理由。在本章我会列出，我相信一个男人应该要做的主要预备。路得在下一章会列出女性为婚姻所需做的预备。我们两人都是就我们两段婚姻经验来表达意见。

作头的事务

男人在婚姻中的角色是什么？通常事情的发展，起初的角色——丈夫是第二个角色的跳板，但第二个角色也是一样具挑战性，困难程度相近，这两个角色可以结合在一个单一描述之下：家庭的头。

保罗借着连结到神的本质与神在神格里面的关系，来呈现这个领头观念："**我愿意你们知道，基督是各人的头；男人是女人的头；上帝是基督的头。**"（哥林多前书 11：3）

保罗描述从领头者下来的关联：是始于天上，终于家庭。天父是基督的头,基督是男人 (丈夫) 的头,男人 (丈夫) 是女人 (妻子) 的头。

在这样的连串，基督与丈夫都有双重的关系：对上与对下。因此基督代表父神 (在基督之上) 对人 (在基督之下)，而男人代表基督 (在男人之上) 对他的妻子 (在男人之下)。

这是合乎圣经对丈夫、对父亲的角色描绘：对他的妻子与家庭，他代表基督。这是多么巨大的责任—也是神圣的特权！

你要如何预备自己迎接这了不起的挑战？

耶稣人生的关键是他对父神的关系，以好几种方式表达这点：**"耶稣对他们说：'我实实在在地告诉你们，子凭着自己不能做什么,惟有看见父所做的,子才能做；父所做的事,子也照样做。'"**(约翰福音 5：19)**"耶稣对他说：'人看见了我，就是看见了父……我对你们所说的话，不是凭着自己说的，乃是住在我里面的父做他自己的事。'"**(约翰福音 14：9-10)

你能以同样的方式成为家里成功的领头，就是在于你与耶稣的关系，使他成为你话语与行动的来源，依靠他在你里面的力量与智能，而不是靠自己，让他透过你活出他的生命。

就你身为丈夫与父亲，他生命里的哪些面向是最适合启示在你里面？

温柔与浪漫的重要性

首先，耶稣就是他教会的爱人及新郎，所有他的其他服事都是从他爱的泉源涌流而出，深刻而纯洁。请容他打开你心里的泉源，不要害怕变得温柔，这是力量的标志，不是软弱。**"爱情如死之坚强"**（雅歌 8：6）爱是**"凡事包容，凡事相信，凡事盼望，凡事忍耐。爱是永不止息。"**（哥林多前书 13：7-8）

想想神在耶利米书里对以色列说的话：**"我以永远的爱爱你，因此我以慈爱吸引你。"**（耶利米书 31：3）就是借着这样的温柔，耶稣将他的百姓吸引过来归向他，容许他将这分赐一部分给你，透过这，他会将你的新娘吸引过来，正如他吸引教会归向他自己。

在我们现在这强调高效能、愤世嫉俗的社会，没有多少空间给真正的温柔，这种特质已经几乎被遗忘了。然而每个女人心里某个部分渴望它，她会回应它，正如花朵打开花瓣迎向阳光。

温柔跟浪漫是手牵手，若你想要看到两者合一，请研究雅歌这卷美丽但常被忽略的书，这卷书可以教神百姓很多关于神性与人性的爱。我记得莉迪亚曾这样评述过："我觉得自己被雅歌所吸引时，我就知道自己是在属灵生活的高峰。"

在我跟路得结婚前几周，我读了雅歌好几遍，研究不同的部分—爱人、书拉密女、朋友等。我相信这帮助建造了路得跟我都很享受的关系。

浪漫不是就它自己某种特别的行动，这是种特质，分赐到其他的行动，使他们更加兴奋跟令人享受。这可以从很单纯的事情来说明，比方说吃饭，浪漫并不是在用餐特别增加的一道，它是加在每道菜的调味料，它能传递兴奋的滋味到甚至一些平淡无奇的活动，像是平常购物、开车去教会的路途、傍晚的散步。

让我就自己的个人经验发声，我协助养育九个女儿长大，她们来自不同的种族背景，我结过两次婚，我熟悉全球许多地方的文化与生活模式，在这世界每个地方的女人都喜欢温柔与浪漫，为何你要接受一个单调乏味的婚姻？遵循着耶稣的模式，目标就是要像耶稣与他教会计划婚姻一样。

愿意舍己的个性

耶稣爱的另一特质就是舍己："**基督爱教会，为教会舍己。**"（以弗所书 5：25）一个成功的婚姻必须要遵循此种模式，这包括两个生命愿意为对方放下。首先，丈夫要像是耶稣为妻子舍命，然后妻子也像教会一样为丈夫放下生命。因此双方都在对方的生命中得到完全，这样关系的关键就是了解属灵婚姻是基于盟约。

舍己并不是天生的，对堕落的人类天性而言，这是需要操练的。首先，这需要下决心，然后必须在每天的生活中运作，直到这成为你个性的一部分，不要等到结婚后才开始舍己，那会对你跟你的妻子带来许多不必要的痛苦。

当我与莉迪亚结婚时，我在与人的亲近关系中，对于给与受这方面几乎没什么经验。因为我是独生子，没有兄弟姊妹。现在回首看来，我才明白到这带给莉迪亚、孩子们许多不必要的问题。我感谢神赐我们恩典得以在这些问题当中仍然共同生活。当我在卅三年后与路得结婚，我告诉她，她得到一个比莉迪亚开始时预备得更好的丈夫！若你现在就学习在环绕你身边的关系中舍己，你的婚姻会因此得到很大的帮助。若你仍住在家，就在那里从小的服事操练舍己，甚至当不是轮到你的时候，去倒垃圾、帮忙洗碗，让你的姊妹可以跟朋友出去；照顾你的弟弟，让你的父母能够晚上出去独处。

至于在教会的生活也是如此，有很多服事的机会：探访不能外出的人、为牧师洗车、志愿在周日早晨整理圣坛、帮忙单亲或行动困难的人去购买日常用品，这些似乎都是小事，但可以帮助建造你里面舍己付出的耶稣天性，有一天，它能丰富你的婚姻，且使你成为自己孩子的榜样。

教导：一项极重要的任务

在以弗所书 5 章 25-26 节里面耶稣是新郎的画面，带出他服事的另一面向—教师，他把自己完全给予教会："用水借着道把教会洗净成为圣洁"。神话语的教导必须使教会纯净且圣洁，以成为基督的新妇。

在这里是另一方式：对你的妻子及家庭，你能代表耶稣，提供适合他们的圣经教导，以使他们成为他的新妇，使他们可以领受。若神赐给你们孩子，教导他们是你最重要的任务之一："**你们作父亲的，不要惹儿女的气，只要照着主的教训和警戒养育他们。**"（以弗所书 6：4）

在今日的许多家庭，圣经的教导通常落到母亲的身上，这跟神的次序相反。母亲当然在这方面有她要扮演的角色，但主要的教导责任是落在父亲身上，在一个由妈妈给予属灵教导的家庭，儿子很可能会得出个结论：圣经是本女人的书，当他们到了青春期，很可能就认为：圣经没有更进一步的东西可以提供给他们。

你要如何预备自己在家里作好教师的角色？

首先需要对圣经有个整体的认识，若是可行的话，参加一个邻近有正确圣经教导的教会，另也可以有许多补强的方式：如书籍、影片相关的课程、讲座、特会，收音机教导节目以及其他。

开始持续有系统的精读、研究基督徒信心的基本教义，你会需要这些坚固的基础来建造。聚焦在罗马书、加拉太书、以弗所书、希伯来书这些书卷，从上述的这些书卷可取得许多不同材料，好好准备努力研读吧！

同时求神为你开路，就是让你可以开始跟一些人分享你所获得的知识，这有许多不同的可能：家庭小组、大学生团契、主日学、当地的福音机构，教导别人是了解自己真学到多少的最好方式。

所有的这些是预备你在自己的家中作好教师的角色，那么现在你自己应该够格可以教导基要真理。除了这个，透过你自己的研读也会发现其他教导的资源，如上所述。从这些教导拉出重点来建造圣经的基础，在家庭生活中带进这些圣经教导。

代祷：你的最高服事

耶稣身为教师，与他此方面服事最相关的是：他身为祭司，事工的代祷者。希伯来书作者告诉我们，在耶稣升天之后，他进入至圣所，在第二层帐幕之后作大祭司，成为我们的代表：**"凡靠着他进到上帝面前的人，他都能拯救到底；因为他是长远活着，替他们祈求。"** （希伯来书 7：25）

对你的妻子与家人，你是代表耶稣，你必须学习结合祭司般的代祷者与教师的角色。身为教师：对你的家庭，你代表神；身为代祷者：对神，你代表你的家庭，这是你可以作到的最高服事，以下是一些方法来预备你自己。

首先，仔细研读圣经中这种代祷服事的形态，找出在每个状况下所产生的结果，以下所述是一些很好的例子：亚伯拉罕代表他的侄子罗得为所多玛代祷（请见创世记 18：16-33）、在以色列人做了一个金牛犊并向牠敬拜，摩西代表以色列人向神祷告（出埃及记 32：1-14）、摩西与亚伦代表正因瘟疫肆虐而死的以色列民（请见民数记 16：41-50）。

默想：如何应用神在以西结书 22 章 30 节所说关于以色列的话：**"我在他们中间寻找一人重修墙垣，在我面前为这国站在破口防堵，使我不灭绝这国，却找不着一个。"**无论神将你放在何处，你可学习代表其他人站在破口上。

你也会发现这非常具有启发性，记住亚伦跟他的儿子们所学习的，向他们以色列同胞宣告祭司的祝福（民数记 6：24-27），当你成为你家的祭司，就会有个模式来祝福他们，这真是你最棒的特权之一！

预备你自己成为祭司代祷者的第二个方式是：培养一个规律的个人祷告生活（若是你还没有这样做的话）。在这方面要有系统的投入你最佳的时间，求问神，摆上你的心，哪些人是他要你来代祷的，也许是你的家人、你的教会、工作伙伴或是其他相关的人，应该也包括帮助过你并同样也帮助其他人的神的仆人。你可以列出人名清单，在神面前规律地为他们祷告，在神面前领受你的责任。

第三，规律地参加祷告会，学习跟别人一起祷告，可以帮助你克服过多的自我关注，并使你装备的更好，与你妻子及家人在适当的时候祷告，祷告应该像是用餐或娱乐一样，成为你家庭生活的一部分。

学习这项祭司代祷的服事，有项额外重要的好处：是在你寻求要代表耶稣的其他角色方面有非常大的帮助，事实上你在祷告服事的成功，可能决定你在其他领域成就的广度。

你在实际方面的角色

在你身为家中耶稣代表的责任的最佳重点就是：本章开宗明义所传达的观念—领头，用实际的话来说关于你的角色，这告诉你什么？

容我用另一个问题来回答：医学上，一个身体的头跟身体其他部分的关系是什么？这有三种形式：接受从身体各部分来的信息，作决策、给指示，身体的每一部分都有权利跟头沟通联络，但头负责消化吸收所接收的信息，然后采取适当的行动。将上述这个简单说明应用到领头角色，你会了解作为家中的头，首先你必须对家中每个成员保持开放的态度：对每个需求、受伤、压力、每个创意、或是建设性的想法保持开放。第二、你必须能消化吸收所有的这些信息，然后决定整个家庭所采取合适的行动，虽然你从每个成员那里接收讯息，你的决定必须要对整个家庭是最好的。第三、既然你作决定，必须提出全家人所需执行的行动。

这需要你做什么？首先，敏锐—这能力是自动察觉其他人的需求及情感，预先看见问题及危险，接受与应用建设性意见；第二，需要有智能来作决定，因这决定不只影响你自己的生活，也影响其他成员的生活。第三，这需要坚强的个性与目的来看好决定的执行，列出哪些部分需要其他成员合作完成。

在提摩太前书 3 章 4-5 节，保罗比较教会长执的责任，与他身为家中丈夫与父亲的责任：

好好管理自己的家，使儿女凡事端庄顺服。人若不知道管理自己的家，焉能照管上帝的教会呢？

动词"**管理**"这字的原文是"站在领头或是在前面"，这就是丈夫与父亲的位置，他站在家庭的领头，他带领道路，还有当邪恶或是危险威胁他的家庭时，他会站在他家人的前面，把自己放在他们跟威胁他们的事物中间，所有这些可以用一个生动有力的字作总结：领导力。

在今日，几乎每个社会阶层都缺乏有效的领导力，在自然界与属灵界都有邪恶力量反对上述讲的领导力，在任何它要冒起的地方就受到打压，一个主要的结果就是家庭生活瓦解。神对婚姻与家庭的计划，有赖于恢复圣经所描述的这种领导力。

如果你决定要在家中作那样的领袖，就必须事先装备自己来面对反对势力，逆着现代文化的潮流而行，而这那正是活鱼与死鱼的分别，活鱼可以逆流而上，死鱼只能随波漂流。

两个基础：信实与责任感

领导力必要有的两种基础就是信实与责任感，正常来说，这些似乎是从一些卑微或不重要的职责就看得出来，一旦有这两者，就能奠定人生任何领域成功的基础；没有这两者，不可能有任何真实的成功。耶稣说："**人在最小的事上忠心，在大事上也忠心；在最小的事上不义，在大事上也不义。**"（路加福音 16：10）

我想起一位我认识的年轻人—姑且称他为阿瑟—他投入所谓的毒品文化甚深，然后奇迹似的，他遇见耶稣把他从毒瘾中释放出来，但他的心与意志已经被毒品几乎完全毁掉。一位牧师邀请他住到他的家中，并开始恢复他心志的任务，他指导的重点非常简单：要求你做每件事，都寻求耶稣的帮助并且要忠心。

大概两年之后，阿瑟得到一家公司的工作机会，他的责任是最简单、也最低阶的拖地、倒垃圾等等。阿瑟做所有的工作都应用他导师给的处方：寻求耶稣的帮助，并且忠心。渐渐地，他的忠心带给他升迁，每个职位都比之前的担负更多的责任，他再次成为社会中正常的一员了。

在公司几年之后，他决定需要离职去接受某种特别的技职训练，当他开始向老板解释他的计划，老板打断他的话说："你不能离开，你是公司里我唯一可信任的人，留下来，我会训练你，当我退休时，你来接手我的公司。"

阿瑟收割他借着持续的忠心所种植的果实。

所罗门对信实的观察很具启发性，在箴言 28 章 20 节他说道："**诚实人必多得福；想要急速发财的，不免受罚。**"而在箴言 20 章 6 节，他问道："**但忠信人谁能遇着呢？**"在管理他自己伟大的王国，所罗门知道他需要忠信之人。然而手上有着全以色列最好的人才，他却还在寻找符合这条件的人。

陶冶人格

忠心与责任这两者是双生的品格，几乎在任何状况下都能培养。例如约瑟，先是在波提反家，然后在狱中，结果都是升迁，几乎总是如此！

人们总是问我是在哪里接受服事的训练？有时我回答："我是北非的英国陆军医疗护理员。"在我认识主之前，我有着学术的训练，事实上是太极度倾向知识性，相当不平衡。我需要的是面对艰困真实状况的经验，以及负起照顾其他人的需要的责任。

在沙漠的一整年，我是英国陆军特战小组八名抬担架成员的组长，我们的家是三吨卡车，还有两位司机一起。我们十一个人一起吃、睡、生活、分担困难，被人称为"王子的先锋队"。(译注：叶光明英文原名的姓氏是 PRINCE，意思是"王子"。故此处有调侃之意)

在这段时间我有个随身的同伴—我的圣经。我到每个地方都带着这口袋版，只要没有执行任务，就在读圣经。我很惊讶地发现它是多么实用，一而再、再而三，我发现自己身处在它所描述的状况，或是面对它所讲的难题，而它总是向我显示神的响应。在我要离开沙漠之前，我对圣经有很好总体的认识，它为我后来每个属灵发展提供坚固的基础。

我认识主之后的军中五年，我维持着言行一致的基督徒见证，有时在一些事务上，我基于良心坚持立场，使得我与我的同僚及长官对立。当我终于收到退伍令，我文件上记录的人格评估是全英国陆军里最高的，足堪模范，这比我能拿到的任何神学证书都更值得。

采取的步骤

当然你的人生很明显的不会循着跟我一模一样的模式，神对待我们每一个人都是独立的个体，感谢神这样做！无论是教会或是社会，都不需要一模一样大量生产出来的基督徒。不过，话说回来，确实有些一般原则是可以应用到我们大多数人。第一，对神毫无保留的委身（我在第四章"入口"已经完整说明这点），然后你能信靠他，带领你走在他为你人生特别的计划上、带你走在完成的道路上。我在人生中不断见证箴言 3 章 6 节的真理："**在你一切所行的事上都要认定他，他必指引你的路。**"

第二，把你自己所身处的每个状况，都当作是神特别为你安排，来训练你发展出自己个性或人格的层面。或许你会发现自己身处某个意料之外，或是不愉快的景况，但不要抱怨，记住约瑟还曾被关在监狱里呢！我可以这么说，大多数时间我可不享受待在沙漠里，但我感谢神，他以放在我前面的事务装备我。

第三,把圣经当作你研读的第一优先，绝不要让任何事超越它。在你经验中的每个阶段，借着圣经的启示，寻求诠释，你会惊讶于它所提供的亮光。

在教育的领域，我建议你寻求神为你安排的人生道路，并研读所有与之相关的圣经教导。就个人而言，我不认同为教育而教育，这种"终生的学生"通常是可悲的人，关于这样的人生，世界最有智能的人是这样说："**著书多，没有穷尽；读书多，身体疲倦。**"（传道书 12：12）有时拿学位似乎也是没有尽头啊！

正常来说，你的属灵发展应该是在当地教会，且由其提供的固定团契生活中稳定完全的扩张。在这里有牧师适当的导引，你会在下列三个领域经历持续的发展：你对神的话的了解、你对神的工的训练、你基督徒性格的微调与坚固。同样的程序使你成为"**预备行各样的善事**"（提摩太后书 3：17）的神的仆人，也将预备你成为你家中的头。

见 证

共同建造

谢谢你最近的三本书，我从里面的教导成长很多，而且我也与其他人分享，并计划更多的研究这三本书，不只是囚犯们研读，狱警也是。此外，我还鼓励一位外面的弟兄来探访并服事我们，也帮我们带来更多这些书。

当我跟其他人从研读《你可以选择祝福或咒诅》，学习到我们自己在很多方面击败自己，只是我们不知道。当我读这书时，我认罪且奉耶稣的名悔改，并改变事情。当他们读这书时，你可以看着他们，且知道他们所经历的，然后看到随之而来的喜乐！只有神知道因他荣耀而受影响的生命记录，奉主耶稣的名赞美神。

这本《神是媒人》帮助且加强神已经在我生命中所动的工，泰瑞跟我住在一起，我们有一个儿子尼克，但我们到现在还没有结婚。我们现在要结婚后才会再次有性行为，此外，我看见神在我们各人的生活中动工，一起建造我们的未来，在祂呼召我们的事工上服事神。泰瑞与尼克住在麻州沃赛斯特，我们在最近只见了六次面，但神一直持续在我们生命中动工，并建造我们一起——我们的爱与为他的奉献、为彼此、为其他人，一直快速的成长。另外从这本书我看见这里的弟兄与我的连结，及我与神的连结是有如此确据，是与其他人分别出来为圣。奉耶稣的名，赞美主。

R.M. 麦康米，
南卡罗来纳州

第八章

女人为婚姻所做的预备（路得）

我如何为婚姻作好预备？……我甚至不知道是否有任何人会向我求婚！……我不知道该跟什么样的人结婚……我的每段感情都失败了……没有一个单身的基督徒弟兄符合我的期待……结婚是个冒险，我没看到有很多好的婚姻，甚至在教会也是如此……可能永远也不会发生，是否还值得预备？……我不想浪费我的生命等待与期待……

　　单身女性都对我说过上述那些话，每个抗议都是实际的。今日的女性所遇到的情境与困难是本世纪所独有的，从夏娃开始直到我们现代之前，女性的命运都是固定的，她不是结婚养育小孩，（或是若没嫁出去，）就是待在家庭中帮助那些需要她的人，现在这种情况已经剧烈改变了，特别从女性的"解放"开始。

　　毫无疑问，女性的解放带来了许多利益，无数的女人从剥削或是捆绑、甚至在某些个案中可说是奴役中得到释放。不幸的，从平衡表显示负债大于资产，离婚率冲天高，结婚率下降，数以百万计的婴儿被堕胎，其他生下来的婴儿有许多是不想要、不被爱的。家庭生活恶化，许许多多的女性失望且无成就感。

　　在面对所有这些问题，今日的年轻女性很难知道如何预备婚姻。在之前的几代，母亲和祖母们就是在日常生活中训练她们的女儿，这就是生活的一部分。

但这在今日很少见了，一位自己婚姻失败的女性无法成为榜样来教导她的女儿，通常是这位母亲自己没有受到训练，因为她自己妈妈的婚姻也失败了。而且一位女性为了生活，整天努力工作，通常没有时间或精力来教导她女儿关于持家的技巧。为婚姻的预备有部分是天然的，就是借着观察自己家庭中

不同性别的角色，以及父母之间自然的互动。在破碎家庭长大的女孩观察不到她的母亲身为妻子的角色，如果她没有与父亲住在一起，她也被剥夺了与异性亲近的方式，没有机会学习。当一个女孩开始长大成熟时，她需要仰慕她的父亲，这对她的自我评价以及预备她自己与未来的丈夫相处都是需要的。

然而，这一代的女性饱受人文主义、女性主义、哲学、所看的电影、电视、杂志轰炸，她们被教导的焦点是在她们的外表，她们被期待要投入职场，且有许多机会接受专业训练，惟独缺乏如何成为成功妻子的课程。

我们也许会问道，今日预备一位年轻女性进入婚姻，是否可能？在一个变化如此剧烈的社会，试着预备进入婚姻是否值得？她是否就只能看她的运气如何？

我的回答是这样：对那些愿意花时间与力气，付上代价的人预备婚姻，会带来不可数的奖赏，不论女人是否终于结婚，预备婚姻能使她们找到生命价值的实现。

更进一步的，这影响不止于在这地上的生命，神从起初之前就有个计划，为他的儿子耶稣基督预备新妇。圣经给了我们这世代在高潮顶点、栩栩如生的画面，就是羔羊的婚筵。在我预期与叶光明结婚之前的好几年，启示录结尾的陈述（19：7），新妇也自己预备好了，给我很大的挑战与启示。当我是个四十岁的离婚

妇女，神向我显示他自己，并以他令人难以置信的爱充满我，我惊讶于他可以爱我如此深刻，他接受我的原貌，对我的生命有个特别的计划。

然而在经文中，我看见他的计划不只是给我一些暂时的快乐，他想要与我分享永恒！我的责任就是预备好自己，成为他新妇的一部分。

这给我对于自己单身状态一个全新的视野，发展我的性格，并学习过着有价值、令人满足的生活，这本身并不是目的，但这是通往更伟大永恒的路径。从那时起，我发现用全心服事爱我的主，就是全然的自我实现。

几年之后，奇妙的、完全意料之外的，他带叶光明进入到我的生命，而且很快就发现自己预备与我地上的新郎结婚（我会在第 12 章分享这故事）。我那时发现，并且持续的发现，一个女性讨神喜悦的品格同样的会使她的配偶喜爱她，若你用你的心进入预备地上婚姻，那么将心转向主耶稣，记得你最终的命定是成为他美丽新妇的一部分，那么你所得到的不只是短暂的快乐，也是永恒的福乐。预备婚姻也是为耶稣预备你自己。

我在本章的重要目的是特别指导女性，主要是帮助你对自己的目标看得更清楚，且指导你朝向成为那种女性—就是成为神创造你，成为完全完整的女性，我会提供从经文、及我自己的经验、以及从其他女性经验，实际的建议。

这些建议应该能改善你身为单身女性的生活质量，无论你是仍在学校、住在家里，或是在职场中努力；无论你是单身、丧偶、或离婚，这些建议都可应用到你的状况，无论你是十四或五十四岁，性格的质量不因年龄而有差别。

以我自己为例，当我开始预备自己时，我积极追求事业，并养育孩子，不久我就在耶路撒冷成为全职的仆人服事主，但一样应用同样的原则。我希望我的建议能激励你，寻求建造自己性格的方式，与加强你自己的个性，且是用一种独特又适合你的方法，我的十二个建议一点都不劳累！

首先，让我们思考神怎样看女人，在他创造她之前，他描述她：**"我要为他造一个配偶帮助他。"**（创世记 2：18，粗体为强调部份）女人的本质是在帮助方面得到实现与表达。

神在整本圣经继续补充合他心意的女性的特质，从我自己的研读笔记，集结整理成一个廿六项的清单，我称其为"帮助者的品格"。许多女人认为圣经是本男人的书—关于男人且是为男人写的，但我发现里面充满对每一个人、每一方面的实际指导和启发。

请注意，其中只有六个品格是特别与家庭方面有关，而且只有一个（关爱〔对家人与家庭〕）是限于家庭，这真是挺有趣的。换句话说，你能在拥有自己家庭之前，先发展这部分，并且应用这部分，无论你是职业妇女或是家庭主妇。

请圣灵告诉你，这些品格中哪些在目前这个阶段对你是最重要的，然后开始寻求方法，把这些特质陶冶成你的品格。

帮助者的品格

基本品格特征	持家层面	女性特征层面	属灵层面
智慧	勤奋	端庄	不住祷告
慈爱	精明节俭	贞洁	有预见
信实	坚强	虔诚	擅长服事

忠诚	尽职	高贵	敬畏神
稳重	有能力	值得信任	
正直	关爱家庭	灵里沉静	
值得信赖			
勇敢			
慷慨			

12 个建议

以下是我的 12 个建议：

1. 预备成为帮助者

当神创造女人时，他心中有个明确的目的，神使她与男人不同，因为她有个不同的功能，并非比较不重要，而是不同。他创造女人是**"为他造一个配偶帮助他"**（创世记 2：18），就我看来，这个世纪一些主要问题的直接关联就是：女人的本性受到挫折，数以百万计的女人未能实现她们受造的目的。

我可以做第一手的见证：身为职业妇女，我是挺成功的，无论我拿到大学学位之前或之后。每次换工作就往上升，我做过私人企业的秘书、经理、课堂老师、执行特助、然后马里兰州的行政官员。但我从未完全觉得满足，只有当我与叶光明牧师结婚之后，才找到最深的满足感，这是来自于神创造我的目的：要成为帮助者。

然而回首来时路，我越来越明白，我需要之前所有的这些经验来成为他的帮助者，这些年岁并非虚掷，而是预备。

若你要作个成功的妻子，你必须面对这项事实：神并未改变他的标准或是他的意愿，你在心里必须要决定—要成为神创造你的心意，只有在那时，你才能开始考虑如何达成，你不是从寻找配偶开始，你该从自己开始。

直到你结婚才知道你需要成为哪一种帮助者，它取决于你丈夫的职业及性情，然而通常一个妻子帮助丈夫的最主要方式是为他打造一个家，无论他的职业是什么，或是妻子是否是职业妇女，这都是适用的。

通常是妻子去市场采买食物、带回家烹调给家人享用，清洗衣服并保持家里清洁，她负责把家里布置合宜，在孩子们还小的年岁，她的大部分活动重心是家。女性对神与对丈夫有责任：模塑这些他们交托的小小生命。

丈夫都是从他的家出发到世界：成功或失败；满足或受挫。妻子创造一个爱与鼓励、平安与稳定的气氛，可以期待分享因她丈夫成功而得的祝福与奖赏。

不管操持家务是有趣且充满挑战性，或是乏味且令人沮丧，都是由妻子的态度来决定。现代家电及厨房器具能够将她从家务解放出来，或是能提供她创意的更高挑战。如果你现在就预备你的态度，且将你未来的家视为向神与向你的丈夫表达爱与感谢的方式，你就会走向成为快乐、成功、有成就感的妻子的第一步。当你学习与丈夫成为一个团队运作时，身为帮助者角色的其他层面就会发展出来。

追求自己职涯规划，或是抓住工作以便帮助支持家庭的妻子，总是会发现自己陷于主要帮助者的与次要角色间一种紧张状态，在这两个角色中永无止尽的摆荡。我能提供的最佳劝告是：看清楚你自己的优先级，尽你所有的力量来保持你的主要角色，这总是在第一顺位。

箴言 31 章 10-31 节的妻子提供一个例子：女性欣然接受身为帮助者的异象。她是职业妇女、成功的管理家里事务，使得她的丈夫可以自在站在城市里的领导地位；她从事买卖事业，并向贫穷者伸出慷慨援手，她说话有智能，她丈夫**"心里倚靠她"**（11 节）。

2. 培养你与主的关系

天父对你生命的计划是**"善良、纯全、可喜悦的旨意"**（罗马书 12：2），借着每天分别时间特意的亲近神，聆听他对你个人说的话，你就能更快投入你的计划中。如果你还没与神建立深厚的关系，你需要在你每天的灵修中学习如何靠近他。

我想强调一点：没有一个精确的模式适合每一个人，我们都是不同的人，我们每人与神的连结也是根据我们的个性。我可以就我与叶光明结婚前的这几年经验来分享自己的经历，或许我的一个或是一些例子正好是你所需要的，能为你指出正确的方向。

我假设你已经经历重生，且已经将你的生命毫无保留的献给神，若你尚未踏出这关键的第一步，而你也真正想要为你的配偶预备你自己，我建议你现在先暂停，不要继续往下读，翻回到第 4 章"入口"。

现在继续我们的话题：发展与神的关系的建议。

请记住任何关系都是需要花时间的。我们一定要愿意花时间与主相处，来敬拜他，读他的话，祷告，等候他。若没有如此做，我们绝不会发展完全。有太多"未发展"的基督徒—这些珍贵的灵魂得着新生，并且在神那里有所有的资源随他们取用，但他们却从未严谨规范自己来享用这项丰富资源。

请记住这点：没有女人能给她丈夫她里面没有的东西，如果一个女性灵里未开发，她的美丽与潜力也不会发散出来。无论已婚或是单身，现在就立下坚固基础，一生来建造。

把最好的时间献给神。对我们大多数人来说，这是一大早，在我们见这世界之前先见主面。单身女性可学习聚焦在耶稣，我们属天的新郎，一旦我们这样看，我们每天最高的优先就是只能先向他表示我们的爱。从 1970 年遇见耶稣的那天起，我就养成一个习惯：每天还未跟任何人说话之前，我先跟神说话。他帮助我预备每一天，即使我必须在早上七点半出门，我就五点起床与神说话，以致我行任何事都不欺瞒他。

以感谢与赞美开始。我每天以感谢主爱我、感谢耶稣宝血、感谢他的美好创造、感谢有此特权事奉主来开始一天。我转脸向他开口歌唱。他说：**"求你容我得见你的面貌，得听你的声音；因为你的声音柔和，你的面貌秀美。"**（雅歌 2：14）

我与神的关系是非常个人的，我不是很好的歌手，但当我向他歌唱，这是令他所喜悦的。我背下敬拜的歌曲，我到浴室时会带一本小小的诗歌本，这样刷牙跟化妆时，顺便记住这些老诗歌，我有不同的曲目随时备用，就看圣灵怎么带领。

在祷告之前先读经。在我们开口对神说话之前，让神先跟我们说话，借这举动也是尊荣神。我因着在两个地方做注记而获益良多：早晨从新约读起，晚上从旧约读起，有一阵子我每天从历史书卷、诗篇、先知书、还有新约每天固定读一部份（这样我就要有三个注记）。

维持一个祷告清单，特别是如果你单独祷告。这帮助我个人的心思聚焦，并朝向目标。我写出名字跟状况的简单名单，并分类出来一例如救恩、医治、属灵导师、教会的特定部门、国度。有一项重要指示：不要把你所有祷告的时间都放在那些有问题的人们身上，也要为那些在神国度大有影响力的人祷告。叶光明牧师跟我依赖基督肢体的每天祷告，我们也在每天的私祷中祝福记念他们。

当我单独祷告时，会带着一本简单的经文笔记本，记载着神在一些特别时刻向我说的话，亦即先知性的话语，在情绪低落的日子，还有在我半残废的那些漫长岁月里，这些话语是持续鼓励我的来源。另一点：不要犹豫是否要为自己祷告、不要陷入你自己问题的泥沼，但求神帮助你克服有问题的地方，他准备好要听你说、并回答你，因他要使我们像他爱子，有一样的形象。

不要只把神限制在灵修时间。我常常想到主，我总是让这个对话线路开通。当我独处时，总是有经文纪录或是圣经教导在身边，所以我从不寂寞。在空闲的时候，我会用一些经文或是读晨更材料来充满我心，当我的手忙碌而我的心却相对的自由时，我特别学习到与神交通，像是洗碗、熨衣服、整理个人仪容、开车，所有的这些习惯，都是我在单身时养成的，而且这些丰富（而且持续的丰富）了我的婚姻生活。

检测自己，确认神是在第一优先。神痛恨微温的：**"你既如温水，也不冷也不热，所以我必从我口中把你吐出去。"**（启示录 3：16）有人如此说："如果你以前比现在更亲近耶稣，你就是堕落了。"人们以小小几乎察觉不到的脚步堕落，在这发生前，检测自己，要回头是条长而辛苦的路，几乎没人能完成，不要失掉你原本拥有的！

3. 养成委身与忠心

你不能从结婚那天开始才来练习委身跟忠心，如果你还未能先全心把自己献给神，然后对某人、或是某个目标，你就也不会预备好自己来给你的丈夫。

如果你是员工，你是向你的老板承诺工作？或你只是受雇来算时间，寻找借口休息？如果你住在家里，会为你自己的事情负责任吗？或你总是要别人来提醒？你对你的家人忠心吗？当你许下承诺，你会持守还是会找个理由食言？

你对你的教会或是祷告团队委身吗？你自愿去做的项目，可以信赖你执行完成吗？

请读马太福音 13 章里面撒种的比喻，并下定决心，要成为撒上种子能有好收成的好土。

4. 培养你的自尊心

许多女性嫁错了男人，或是在婚姻中失败，因为她们没有对自己定下够高的价值。你是神的孩子，耶稣视你如宝，价值很高，而且爱你至深，为你而死！新约与诗篇充满鼓励信徒用神的眼光看他们自己，花些时间记住经文，使他们成为你随时的帮助。以下是一些例子：

我们众人既然敞着脸得以看见主的荣光，好像从镜子里返照，就变成主的形状，荣上加荣，如同从主的灵变成的。

（哥林多后书 3：18）

因为上帝本性一切的丰盛都有形有体地居住在基督里面，你们在他里面也得了丰盛。他是各样执政掌权者的元首。

（歌罗西书 2：9-10）

> 因为你们立志行事都是上帝在你们心里运行，为要成就他
> 的美意。
>
> （腓立比书 2：13）

> 我们原是他的工作，在基督耶稣里造成的，为要叫我们行
> 善，就是上帝所预备叫我们行的。
>
> （以弗所书 2：10）

撒旦对信徒主要的反对，就是控告，另一个则是沮丧。我们最好的回答就是正如耶稣所做的：用神的话。当你读经祷告时，圣灵可能会向你显示你需要改变或是改善的一些地方，发生这种情况时不要陷入谴责，或是自怜，反而要求问神来帮助你，并且用意志来面对它。若你需要从邪灵中释放出来，去见属灵导师，只要是耶稣所释放的，就确实释放了！

发展你自尊的一项重要结果是：你更能鼓励与建造你的丈夫，因此你能帮助他发挥所有潜力。男人能发挥出超过他妻子所期待的是很少见，她对于他的看法是他成功与否非常关键的因素。

妻子看见丈夫的潜力，可以鼓励他，为他祷告，然后就可以兴奋得看见神把他的潜力发挥完全。

5. 乐意学习

从另一点来看箴言 31 章，女性应该鼓励自己尽可能在许多领域发展（无论是在高中或大学），也确定自己在一些实际技巧上面花时间：缝纫、烹饪与营养、幼儿照护、家庭管理、家庭装饰、插花、手工艺、编织，让圣灵带领你在几个特别领域：形意舞蹈、音乐、摄影、制陶、木工，他明确知道你需要什么来成为你丈夫

的帮助者（甚至在这些课程里也许你会遇见未来的丈夫！）不要低估运动跟健身活动的价值。

如果你已经在工作，且从未有机会取得这些实际技术，那把这些当作第一优先来处理，查询一下你附近教会的装备教育中心，找一位忙碌的家庭主妇，她会喜欢有你做她的学徒／帮助者，一周一个或是两个晚上，发挥你的主动力，如果你耽延，也许你自己就是迟迟未遇见你配偶的原因，因为神要你预备好！

既然你的责任会有承担照顾孩子，你需要尽可能的事先学习，大多数的年轻女性有机会做保母，但一些关于孩童早期发展课程，甚至青春期心理学都能补充那些实际的技术。

力求避免那些太被动消极的活动，会令你觉得空虚与乏味，特别是看电视。你是个美丽的受造物，有神的生命在你里面，你无法恢复失去的一天、或流失的一小时，总之务必放轻松，但是以能建造你向上提升的方式，现在就有智能的运用时间，当你的责任加增时，你的自由时间就会减少，现在就是你的机会，投资你的时间在那些能在未来带来帮助的活动上，无论你是单身或已婚。

6. 乐意服事

对一个女人而言，向丈夫表达对他的爱，最好方式就是服事他。如何服事他，要看他的个性与职业，但爱他的妻子会研究她的丈夫，甚至在他开口询问前就知道他的需要，维持你的家是对丈夫爱的表达，也是对他的服事，就能除去单调苦闷。

你如何能事先预备来服事你的丈夫？以快乐的心服事别人！这些年来叶光明牧师跟我的婚姻一直蒙福，因有着一群女性连续在我们的家服事我们，我看着她们对自己能力的信心，如同花开一般逐渐加增。耶稣在路加福音 16 章 10-12 节所说的话是如此适合单身女性，若你愿意在小事及别人托付的产业忠心服事，神一定会在他的时间把你自己的给你。

不要限制你自己仅在一些明显的服事领域，例如探访病者、或是在医院或教会做志工，这些是重要的，但也寻找一些同时可加强自己技术的方式。求神向你显示那些技能是你要预备的，以便成为你丈夫的帮手。这些一定不会仅限于家务，我认得的一位最快乐的妻子，当他丈夫开始创业，而她能成为丈夫的记账员，因她已经有过这训练，她简直是欣喜万分。另外一位师母，她能设计制作自己跟全家女孩的衣服，以她灵巧熟练的手指，她能将昂贵名牌服饰的概念复制到自己做的衣服，她的丈夫不断的得到别人对他美丽居家及家人的赞美，而他也开心祝福家人。

几年前，叶光明跟我要在耶路撒冷建造我们的家，但我们两人在服事上都非常活跃及忙碌，我在六千哩外努力挤出时间跟精力来展开计划：购买、协调、联络家里要的家具，我在多年前就获得这些技能，但我认为这些没其他一些事情重要，然而单单因着叶牧师的一句话，我的态度就改变了，他说："也许这是你为永恒作预备的其中一部分，或许神希望你在永恒装饰银河！"现在当我享受我们的家时，我不住感谢神让我有这个特权：布置一个美好平安的圣所，以至于我们可以祷告与写作。当你开始视你自己的服事是为永恒预备，你整个观点都改变了！

在日常生活中练习招呼别人，正如你喜欢怎样被招呼。大多数服事的艺术其实就是传统的有礼貌—贴心、周到，我遇到有些最可爱的年轻人是那些好像受过服务生训练似的。

　　我可以诚实的说最能满足我的事便是服事叶牧师，甚至在我们结婚前，我就开始设法减轻他的负担，从我们结婚起，我就学习负起所有日常生活实际琐事的责任，无论我们在家或是在服事的旅程，我尽可能的试着让他的生活单纯。当在外面旅程中，我会带着手提箱，里面有各种小玩意儿，尽可能让叶牧师在每个状况下都舒适。

　　我们现在想到几年前在伦敦机场发生的一件事，仍会觉得好笑。因我们途经贝尔发斯特，所以机场对我们的行李检查的十分仔细，安检人员当看见我带门挡（我们有着好几次经验，当我们在房间时，主人的孩子完全无预警的就冲进来。），还带浴缸塞子（至少每四间旅馆房间，就有一间的浴室塞子是毫无作用），惊讶地摇摇头。

　　当安检官搜到我的茶壶跟壶套时，他对我们可是越来越感兴趣，我解释道一出了英国之后，大部分的饭店客房里，都没有提供泡茶的器材。所以我通常会带着这些，这样我就能在早上为我丈夫提供一壶茶。

　　最后这位安检官打开小提包，里面有些干果与坚果，他问道："女士，你为什么要带这个？"我解释道万一我丈夫肚子饿的话，有时旅馆的客房服务没有这些小点心，所以我总是在手边带着些。他盖上我的手提箱看着我："你是我见过预备最好的女士！"

　　我尽力殷勤只为叶牧师作这些别人没办法作的事情，其他的事我就委派别人，我若变得忙于太多琐事，就没办法有弹性能够因他临时的通知而可以提供随时协助。我的主要责任之一是保护他不要有不必要的打扰，以及不要让别人的一些不合理的要求占据他的时间。

7. 愿意根据丈夫的优先级作调整

圣经上说道："圣洁妇人正是以此为妆饰，顺服自己的丈夫。"（彼得前书 3：5）这是一个妻子的责任：有弹性预备好自己，以配合丈夫的打算，因为他是头（请参见哥林多前书 11：3）。他建立好他们一起生活的模式，妻子应该是家中的王后，但丈夫是国王！

我真是景仰利百加，她离开自己的家、家人、文化，跟着一位仆人走向未知的未来，嫁给一个她尚未见过面的人，她展现出信心与调适性。我也景仰撒拉，她离开居住安定的吾珥，大半辈子都跟着丈夫到处迁徙，九十岁还怀孕，她的生活型态一定产生很大的变化！

不仅在大的变动需要弹性，日常生活的小事情也需如此。我是个早起的人，叶光明牧师是个夜猫子，但靠着神的恩典，我改变习惯了。这样我们两人才能有一样的时间表，我也学他，跟着他下午打个盹，如此行我们真的每天都有过两天的感觉。

我的状况也是如此，我们有三种生活模式：一个是在耶路撒冷我们的家，在那里我们过着安静的生活，花很多时间在代祷与写作；另一个模式是在佛罗里达，在那里我们参与叶光明事工及教会的许多活动，他是教会的长老；还有一个模式是每年因着服事，大概有好几个月都是在旅行，我每天都感谢神，我在跟叶牧师结婚前就学会要有弹性！若我一直等到婚后再学，那真是太迟。

我看过一些年轻女性们，因丈夫的喜好而改变她们的发型、服装、烹调的处理、娱乐项目。取悦你的丈夫能比取悦自己带来更多的祝福。

8. 学习祷告及为他人代祷

"靠着圣灵，随时多方祷告祈求；并要在此警醒不倦，为众圣徒祈求，也为我祈求。"（以弗所书 6：18-19）

神在寻找代祷者，当你每天花时间与主相处，求他向你显示，在他的心上有什么是你可以祷告的，当你学习代祷就不会缺乏主题，神会把人与情况带到你的心里，还有人们会请你为他们祷告。

对单身的女性代祷者还有两个额外的福利：首先，代祷使她们的心不定睛在自己身上、她们的问题、单身的状态（如果这对她们来讲是个问题的话），其次这预备她们为自己的丈夫代祷。有两位我认识的年轻女性，她们的丈夫是还不错，但并非卓越的人，在她们开始每天祷告，并为丈夫代祷两三个小时，两年之后，两位男士都获致显著的成功，灵命也都非常长进，职涯也很丰盛。你丈夫的成功是依赖你代祷的力量。

求神把你跟同样心灵的单身女性带在一起祷告。**"我又告诉你们，若是你们中间有两个人在地上同心合意地求什么事，我在天上的父必为他们成全。"**（马太福音 18：19）学习与一位同伴一起祷告可帮助你未来与丈夫同心祷告。

我在耶路撒冷时与两位荷兰的姊妹一起极为和谐的代祷，这两位真是助我甚多。在我几乎是半残疾的期间，有天她们来探访我，她们同时祷告说神会给我一位祷告的同伴，大概过了一年多一点点，我就嫁给叶牧师，神以一个我们全没想到的方式回应了她们的祷告。

9. 学习适当关顾你的身体

除非有重大的医疗问题，大部分的年轻女性把自己的健康身体视为理所当然，她们有充沛的精力。我卅二岁时，我的婆婆劝告我："你一定要学习保留你的气力，你不会永远都如此精力充沛。"当时我大笑，我是这么的精力充沛。六年之后我真是悔不当初，每过个十年，恢复力气变得越来越困难。从 1968 年起，神为我施行好几项奇迹，但我仍然必须殷勤注意营养跟运动，才得以有力量来执行神对我呼召。

神在二十年前对叶光明牧师说："若你要完成我计划你要作的事工，你要有强壮健康的身体，而你最近胖了许多。"不是每个人都会得到这么个人化的指示，但这对你我也是一样的适当，我们需要强壮健康的身体去完成神为我们生命所订的计划。

今日我们知道把糖果、浓郁的甜点或厚片多汁的牛排给我们丈夫跟小孩，这不是爱他们。在最近这些年有股巨大潮流趋势：食用自然食物与远离白糖、白面、红肉、油脂。很多中年男女有心脏毛病或是主要动脉问题，节制饮食与运动会对身体很有帮助。

年轻朋友可以因着这些教训而受益，避免重蹈上一代的错误与疾病。美国癌症研究中心报告，癌症通常可以借着适当的饮食及使用特定的维他命与矿物质来预防。

为家人安排饮食以及养成好的饮食习惯是妻子的责任，在婚前你能学得越多，你越能完美准备吸引人的食谱，你就越能保持丈夫跟孩子健康强壮。

现在也是透过健身跟运动发展你身体的最好时机，克服无聊与挫折最好的办法之一就是健身活动。你以后就会发现一起参与运动是满足夫妻一起放松的最好方式之一，也许你自己现在就可以发展一些不同种类的运动技巧，例如游泳、滑雪、滑翔翼、浮潜、慢跑、壁球、网球。

在我们这个年纪，叶牧师跟我觉得散步与远足是对我们最好的活动。我们手牵手走路是保持身体与灵里和谐的真正秘诀。"**二人若不同心，岂能同行呢？**"（阿摩司书 3：3）

另一额外利益：身体健康、营养适当的年轻女性更加容易怀孕与生产，婴儿也会更健康。

10. 观察一些模范夫妇中妻子的行为

当我重生成为信徒时，我的首先众多发现之一是某些基督徒女性对她们的丈夫的态度跟我通常所看见的不同，我为她们的女性特质与对丈夫的奉献印象深刻，也深受挑战。她们似乎对自己的角色完全满足，且对她们的生活方式感到完全。

即使我在那时完全没打算要再婚，我禁不住观察她们的行为，那时我了解到我需要有所看见她们里面的质量，来为我的新郎耶稣预备自己。

看看你四周那些你知道的已婚妇女，求圣灵向你显示哪些品格是适合你的（还有哪些事是要避免的！）不要试着想做别人的复制品，如果你有活泼的个性，你不需要变成老鼠才能习得温顺与安静的灵。有些天性安静的女性就只是单调乏味—或是她们可能静静的苦毒且尖牙利舌，温顺安静的灵是种态度。

也请记住，有天你会成为别人学习的榜样，若你殷勤的预备自己，且在婚后持续你的发展，相信你也能够这样说：**"你们该效法我，像我效法基督一样。"**（哥林多前书 11：1）

11. 信靠神：愿意等候

叶牧师在第六章已经谈过这点，然而我再次提起，因为在本章一开始所列的清单里面，列在女性特质之一就是信靠神。神爱你：**"他未尝留下一样好处不给那些行动正直的人。"**（诗篇 84：11）若你符合他的条件，他会关心照顾你，无论你单身或是已婚。

女性太容易轻率进入一个婚姻，因为她们恐惧完全没有别的机会了。然后她们就学到单身还比嫁错人好，她们生活触礁，而且通常她们孩子、孙子的生活也会如此。

然而另一方面，我知道一些女性继续在她们个人的生活与职涯认真努力，一直到神把她们带到她们完美的配偶身边。我有位好朋友，当她结婚时是卅九岁，我在她六十九岁时遇见她，她对她的丈夫而言是完美的妻子。另一位朋友离婚廿一年后，在五十八岁时遇到一位鳏夫，我很少看到这么相配的夫妇！这些女人若她们先嫁错人，或是完全放弃妥协过着单身生活，每位都可能错失神为她预备最好的。然而因为她们信靠他，神一直按手在她们身上。

12. 设定目标：建立你的优先级

你的目标与优先级不会跟我的完全一样，神预备我跟叶牧师结婚，他也许预备你，来成为另一个完全不一样的人的完美帮手，你必须设定你个人的目标，但无论目标是什么，都是应用同样的原则。

请把书翻回到帮助者的特性，再读一次，然后复习这部分的第 1 点到第 11 点，求神帮助你发现适合你的、哪些领域是你所缺乏、或是你以前从未考虑到的特质，先列出个列表，前面是长期目标。

从这列表选择几项做短程目标，是你在未来三个月或六个月或一年可以合理达到的。要务实，考虑你目前的能力，如果你最远能跑的距离是从冰箱到电视机的话，不要把目标订为下周要去跑个马拉松。考虑你目前的责任—你的学业或是工作，你要负责照顾的年长父母，或是你前次婚姻的孩子。若是你生病或是忽视自己的健康与营养，你应该要给自己身体最高的优先。

　　设定目标之后，你能建立带领你达到目标的优先级，不要想说一次做所有的事情，另一方面，圣灵也许会带领你一次不是只在一个领域努力。

　　有件事也许能帮助你，就是记录你怎样运用时间，要诚实，然后整个看一遍，决定什么是最重要的（123 等等）。让每件活动的优先级跟你运用多少时间是一致的，把你的新目标放在合适的位置，当你按着优先级作调整时，你的人生就会开始改变。

　　当我在几年前这样做时，首先有两件事就从我的清单删掉——一个是闲聊（即使这是有关属灵的事情），还有无效果的咨询时间，我之前常花许多时间咨询服务那些不会达到属灵成长的人。

　　我们怎么使用我们的时间，以及所说的每个字都要对神负责，我不想站在神面前听到他对我说："你本可以做得更好。"

见 证

对婚姻的启示

我想要在这里感谢你们两位在《神是媒人》书中的分享，我男朋友跟我在讨论结婚以及神对我们的旨意为何，我走进一个基督教书店，一本从书架突出的书吸引我，看了书名是：《神是媒人》，而后注意到作者是叶光明。

在我成长阶段，我的母亲会一再播放你关于耶稣宝血的录音带，那句就像是我已经无罪是深深印在我心田，你对耶稣宝血能力的启示，从许多苦恼与疾病中医治且恢复我的家庭，因此我知道这本《神是媒人》是由一位为神所恩膏的人所写，而且我知道神要我读它。

所以我读了这本书，对于婚姻的真实目的感到十分兴奋。神对婚姻盟约能成功的带来完美的合一，我知道这是真理，但在读完你的书后，我发现更深的内涵（我的家庭是从至少连续有四代离婚的累代中走出来，这是第一代免于离婚，神真是大有能力的神，他是好神）。

我把这本书给我的男友读，他离过一次婚，他对他所领受到婚姻的启示非常兴奋，在这个点上，我们知道需要特别聆听神，我们将会有多奇妙的信心—站在我们的婚姻上，知道这是神圣的呼召！我以前总是觉得有股黑暗势力阻绕我的婚姻（结婚、生孩子、为神百姓代祷、拯救神百姓，这些是我心所渴望的）。

神把这感动放在我心里，要寄给叶光明牧师事工感谢函，这也是我丈夫要表达的谢意。有天晚上我要离开教会时，有位虔敬的姊妹把我叫到一旁，在这之前她为我祷告已有两周之久。她一点都不知道我的状况，她问我是否为寻求配偶向神祈求，我答道：是的。她告诉我，神正要成全这事。早先在服事时，神已对我说过我未来的婚姻，所以我知道神正在动工，他祝福这个我所栽种的信心种子。

还有一点要说：神显露出这黑暗的拦阻，并让我战胜牠！

M.P.
毕弗宾州

见 证

发现希望

《神是媒人》真是我的祝福，鼓励我、给我确据与希望。

M.Y.

圣安东尼 德州

见 证

新的属灵看见

我之前开始探索一项自己事工的机会，有人告诉我一本特别的书可能对我有帮助。所以大概两周前，我跑去图书馆找到这本书的位置，发现大概已经被人借走了，我就开始浏览架上的书，想寻找类似主题的，当我这样做的时候，我的眼睛就被《神是媒人》这书名所吸引。

我立刻拿了这本书，因为过去这周，我一直在思索是否要延续我所参加的基督徒约会服务的会员，因为不确定我这样做是否是遵行神的旨意，我拿起这书，希望它能帮助我下决定，它不仅向我显示婚姻的全新观念（我一直祷告要有个帮手，而不是自己成为帮助者），此书也打开你所有作品的大门。

我不断的赞美感谢主，因他透过你书中属灵的洞见告诉我。

Y. G.

弗吉尼亚海滩 弗吉尼亚

第九章

家长与牧师的角色

父母关心孩子的婚姻对象是很自然的事，在不同的文化与历史时期，父母以许多不同方式表达他们的关心。犹太教的一些类型有一度配偶的选择权是在父母手中，在今日有些阿拉伯与亚洲民族仍是如此。

对我们这些西方文化的大多数人来说，这样的习俗似乎是中古世纪时专制独裁般的可笑至极，但在我们同意这样的论断前，我们应该花些时间来评估结果，基于结果这样的基础，西方文化也不能指摘其他体系。在人类历史上，没有任何其他文化能产生如此高比例的不快乐破碎婚姻，而随之产生的是无法避免连串邪恶的结果。

是否有个媒妁之言的特定系统是优于其他所有的？我会倾向回答说没有。然而有些原则是放诸四海皆准，在不同的文化与社会体系都能成功的运作。父母或许代表他们的孩子们遵循这些原则，或是孩子们可能应用这些原则到他们的生活，不管是哪种状况，结果在于他们所应用的原则，而非谁在应用。

成功的基础可以用一个词总结：尊敬。这有三个不同层面：尊敬神跟神的话；尊重婚姻；尊重人的个性。我在本书的前面几章处理了每一层面，但当错误的态度与动机取代了尊敬／尊重，例如欲望、贪求、骄傲、或自私的野心，就没有任何系统可以造就出成功的婚姻。

圣经记载一些主要人物以相当不同程度的弹性进入婚姻：例如亚伯拉罕承接为他儿子以撒找妻子的责任，为这个目的差遣他的仆人回到美索不达米亚，仆人接受特定的规范做选择的标准，但最后他凭借着祷告来显示神所拣选的女人（请见创世记24：12-14），这完全根据在这本书中所提出的原则。

以撒的两个儿子以扫与雅各都自己做了选择配偶的决定：以扫与父母的希望完全相反，雅各遵循父母的指示，但实际上自己做决定，还在他的两次婚姻中跟他的舅舅拉班协商，接受父母指示的儿子比不接受的更成功，这是很明显的。

在士师时期的参孙自己选择一位非利士人妻子，违反他父母的意愿，然而他说服他们做他的代表，安排结婚的规划。在选择妻子上面，他不仅违背摩西的律法，也不寻求父母的意见，这就领他走向最终灭亡的道路。

父母的贡献

暂且不论任何媒妁之言的特定体系，父母都有很深的关心与重要的责任：要看见孩子们有美满的婚姻，这是很毋庸置疑的。现代文化中的父母要如何达成这个目标呢？下列有五个明确方法是父母在帮助孩子拥有美满的婚姻可以贡献的。

1. 祷告

孩子出生的那天，就要开始为他／她祷告能有神所安排的配偶。这类型的祷告是长期投资，但是回报可是相当丰厚，预先为此祷告比等到遇见什么危机、威胁，然后才开始绝望的祷告可好太多了，通常这跟马已经冲逃出去，才栓上马棚的门一样无效。

我认识一对夫妇，他们从孩子一出生就开始为他们未来的配偶祷告，现在三十几年后，他们的五个孩子与其配偶都是委身的基督徒，更进一步而言，他们婚姻的道路也没有像今日大部分的年轻人充满了许多压力与创伤。

2. 示范

若你想要孩子们寻求神在婚姻里最好的安排，那么要先设立一个看得见的标准，成为他们的目标。仅仅提供他们规则，而没让他们见到实际执行的状况，就像是提供负面教材，而没有正面的范例。今日许多年轻人从未见过一个快乐的婚姻，这真是个悲哀的事实，以至于他们对婚姻的态度是负面且不怀抱希望，任何从这样态度发展出来的婚姻，甚至在婚前就可预知注定是失败的。

在与那些面临困难的年轻人对谈，以及观察那些成功的婚姻，我得到一个结论：在家里面有个元素是孩子们非常渴望的，超过任何事。也许他们自己没意识到，那就是和谐。如果父母和谐，就会自然的从他们身上流出，注入到孩子们的个性与行为。但是如果父母不能彼此和谐，小孩就没希望。

一个充满和谐氛围的家庭，比那些被认为不可或缺的物质利益更符合孩子的需求。当我在伦敦牧会的时候，莉迪亚与我通常在非常有限的预算下过活，我记得我次都只买一片刮胡刀，因为没钱一次买一小包！多年之后，我问女儿，当我们贫穷的那段时期，她的印象是什么。她惊讶地看着我说："我从来没想过你跟妈是贫穷的。"她答道。

父母和谐的另外一个好处是：他们为孩子作的祷告是神乐意响应的，他的应许在马太福音 18 章 19 节：**"我又告诉你们，若是**

你们中间有两个人在地上同心合意地求什么事，我在天上的父必为他们成全。"

3. 训练

在以弗所书 6 章 4 节："**你们作父亲的，不要惹儿女的气，只要照着主的教训和警戒养育他们。**"神在每个家庭安排父亲，他有责任要以神的方式训练孩子。

我不是要拿这节经文来说：父亲必须单独来背负这个责任，而母亲不参与在这部分。父亲确实有这责任去训练孩子，以及设定好整体的模式与目标，但是在整个架构中，母亲的贡献极为重要。毕竟在今日大多数家庭，母亲花最多时间跟孩子相处，特别是当他们还很小，很可以塑造的时候。每天她都有许多机会来确认、且加强父亲所建立的原则。若她看见自己在圣经中帮助者的角色，就知道在训练孩子上面，她在每部分的帮助都很重要。

这里主要强调训练，不仅仅教导。教导是告诉孩子他们需要知道的真理，训练是观察他们如何应用这些真理到每天的生活中。孩子可能在许多不同管道都接收教导—教会、主日学、甚至一般学校，但是家庭应该是他们接受训练的主要地方。

从第 5 章到第 8 章，路得与我解说不同方面的态度跟行动，这些可帮助年轻人找到合适的配偶，并且建造成功的婚姻，但前述各章所讲的观念不会在某个年轻人生命中，面对婚姻议题时，在某个时间点突然出现，这些方面的态度与行为，只有借多年严谨的训练才能达成，父母提供孩子这些方面的训练，是帮助他们奠定婚姻幸福的基础。

4. 团契

这类的训练并不常在教室发生，也不是靠着某种精心预备的演讲能完成。教室教导或是演讲都属理论，会让年轻人留下一种与日常生活事务没有关联的印象，最适当的气氛是轻松持续的团契关系，既不是"宗教性"、也不是"学术性"的状况。

在申命记 6 章 7 节，摩西教导这些以色列的父母，如何传递。神的诫命给他们的孩子：**"也要殷勤教训你的儿女。无论你坐在家里，行在路上，躺下，起来，都要谈论。"** 与摩西在申命记 11 章 19 节所写的几乎完全一样，他对这类指导的建议，就是要在家庭生活的简单日常活动中实行。

这些教导可以跟我们现代生活的哪些状况相呼应呢？儿子帮忙爸爸在院子除草，或帮家里的车作些简单修理；妈妈在厨房教女儿如何作饼干，或为清理客厅地毯，以及其他日常活动，包括全家的活动，可能是出去露营几天，或是去国家历史重要地点。也许最明显的团契和训练的地方是在餐桌，这也是为何家人要常常一起吃饭的主要原因。

在所有的状况下，父母都有许多机会可以谆谆教诲孩子养成好行为的习惯，合并着实际有次序彻底的实行原则，他们能将神的话的基要真理应用在每天生活与工作相关的事务上。

无论状况为何，有一个主要不变的关键就是：时间。当父母跟孩子在自然放松的气氛里相处，有智能的投资时间在最能塑造他们发展的阶段，就能结出他们生命中的果子，不仅在今生，且一直带到永恒。

5. 咨询

当孩子过了青春期到成人时期仍持续与父母团契，虽然因为读书或工作的关系，这可能变得断断续续。年轻人在世界找寻自己的道路，设定他们的生活目标，自己作决定，可能比较少意识到他们对父母的需要，实际上可能是更加需要。

在这个阶段训练的机会可能减少，然而另一种需要会加增，就是咨询。从训练到咨询的转换期，父母需要调整自己的态度。孩子小时，训练可以强制执行，但咨询只能提供参考意见（父母通常比孩子更难度过这转换期！）

大多数与孩子沟通良好的父母，已经跟孩子们建立很好的关系，顺利到这个阶段。如果彼此的关系是互相关爱、自信、尊重，那么当他们遇到问题或是重大的决定时，很自然的，孩子会转向咨询父母意见。迟早他们必须面对选择配偶的关键时刻。

父母如何预备好来回应而给予适当的咨询呢？首先他们必须装备自己清楚了解经文，来明白婚姻的神圣计划，唯有这样才能提供他们孩子需要的力量与稳定。

当一个孩子的计划与神的模式彼此相合，父母的任务就很简单：提供持续的引导与鼓励。当一个孩子正在预备结婚，却不符合圣经的原则，那么，父母必须仰望神，寻求恩典与力量的独特结合。

恩典会使他们可以分享了解年轻人在那时刻所经历的挣扎痛苦；力量使他们持续仰望神的标准，即使在强大压力下，知道这不是神为孩子所预备最好的，也接受次好的。这事件可能借着以下方式互相运作就解决了：借着他们的祷告以及透过早年在孩子生命中所奠下的属灵基础。

牧师的领导

带领年轻人进入美满婚姻的主要责任通常落在父母身上，但若家庭的成员有去教会，牧者的带领也会涉入这样的情况。牧者的责任是什么？他们如何做？

首先，牧者要小心不要介入父母与孩子之间，只要父母愿意接受对孩子的责任，牧者的角色应该就是引导与坚固父母，但不要取代他们的功能。有时家中其中一个孩子的婚礼或是预备要结婚，会引起家庭内很紧张的氛围，要尽可能全家一起同心合意来处理这种张力，这会使他们在未来日子里连结更为稳固。

然而也可能是父母发现他们自己无法处理这状况，而向牧者寻求协助。若是如此，对父母及牧者非常重要的是：要站在一起。一方面，父母应该尊重并遵循牧者的意见，除非这跟他们自己深植的信念相违背；另一方面，牧者要尽自己的力量来尊荣并高举父母在他们家庭里的位分。

父母与牧者以这方式站在一起，也许能把一个珍贵年轻的生命从魔鬼精心设计的网罗当中解救出来，如果撒旦能巧妙迂回地在他们当中渗入不和谐与分裂，就另一角度来讲，牠也许就成功的从主的圈中捉到一只羊。

不幸的是，在这个家庭关系破裂的年代，许多年轻人无法靠他们的父母给予婚姻方面的有效引导或是指示。那他们会转向谁？首先，转向主吧！他听见每个诚挚向他呼求的灵魂。

那些确实转向神且向他委身的人将可能得到他的指导，参与由实际有果效的牧者照管的基督徒团契，在这里他们有牧者的带领是很自然的。牧师也许会发现自己对年轻人彷佛有如父母般的天性与责任，虽然这些年轻人不是他肉身的孩子，但他结合了牧者与父母两种角色。

乐意接受这样责任的神的仆人令人高度赞扬，他会经历到不寻常的负担，但也有非凡的祝福！然而在他委身自己到这样的位置之前，需要确定两个重点：第一、父母曾有这机会担当他们自己的责任，但他们确定不能，或是不愿意。第二、这年轻人做了各样尝试与父母建立正确的关系（我在第 5 章有论及这问题：有关正确态度方面。）

有个责任是落在所有牧者的身上，就是提供会友在婚姻方面完整的圣经指导。这应该包括父母与孩子的责任、每年针对从青春期进入成年的年轻人在教会里举办一次特别讲座，这应该很有帮助，座谈名称可以叫做"与婚姻面对面"或是"如何寻找你的伴侣"，我估计这会有热烈的响应，且不只如此，这能帮助解决许多年轻人很可能遇到的很多问题。

这种的事工符合先知性教导，传达从现今到末世的世界景况。在旧约的结束经文，神做了这样的宣告：

"看哪，耶和华大而可畏之日未到以前，我必差遣先知以利亚到你们那里去。他必使父亲的心转向儿女，儿女的心转向父亲，免得我来咒诅遍地。"

（玛拉基书 4：5-6）

神在这里要我们面对三点极为紧急的事：首先、这个末世时期的关键社会问题会是父母与孩子间的冲突，导致家庭破碎；其次、除非这问题解决，不然这会带来神对这地的咒诅；第三、神会兴起特别的事工来提供他对这问题的解决。

当然成为这解答的一份子是教会的责任！

见 证

四处寻求的儿子

大约在一年前，我订购你的《神是媒人》的书及录音带，我之前订购这些是为了让我女儿在婚前就先了解，也想要让我儿子明白圣经的教导。我曾在我的信中表达我常沮丧，因为我儿子修跟一个女人来往，而这女人与另外两个男人住在一起。

我从未预期会有对我个人问题的回复，所以当我收到你们的同工马克·狄维多的回信时，我真是无法形容这对我的意义何等重大，是多么奇妙，感受到有人关心，且在信仰上与我一同站立。他引用以赛亚书 54 章 13 节，并对我的处境给予一些建议。

现在我想告诉你关于我这处境的转变，赞美神，我觉得主引导我在这事上坚定站立，我的丈夫与我立场一致，我们告诉儿子："在我们的家我们事奉神。"而他必须离开我们的家，自己决定他要事奉谁。过了几周之后，他决定不再见那个女孩了。他的叙述挺有意思，他说："你跟爸爸从未带领我在任何事上走错，所以我信任你们在这事上是对的，即使我不了解你们的立场。"

我们建议他自己去租个公寓，并且花些时间好好思考自己的生命中真正要的是什么。他照做了，同时开始认真研读圣经。我最大的恐惧在于：他可能过了六个月之后，恢复与那年轻女子的关系，我告诉主，我无法让他知道那是错误的，所以求主让他知道。

九月时，一位我们教会的姊妹安排介绍他认识一个来自基督化家庭很好的女孩子，名叫莎拉，他开始跟她做朋友，然后开始约会到现在。我们有个最蒙福的圣诞节，莎拉来家里作客，他跟她一起去她的教会，她也跟他一起去他的教会，莎拉的家人很喜欢他，就像我们喜欢莎拉一样。我总是说莎拉是我们祷告的回应，而她的母亲则说修是她祷告的回应，这是多么喜乐的事啊！

大约一个月前，儿子的前女友打电话给他，要求他再给她一次机会。儿子告诉她，他已与别人交往。他向我承认：他仍然对她有感情，但他绝对不想放弃他与莎拉的感情，回头与前女友复合。主真的回应我们的祷告，并向我儿子显明我没办法说清楚的事。

再次谢谢你们对我的鼓励与祷告，我很确信看见在你书中所说的真理，撒旦会使用爱的关系来试图偷窃我们的孩子，但我也看见：如果我们为我们的信仰坚定站立，主是信实的，会祝福我们的孩子，并用手托住他们。要孩子离开我们的家，让他好好想清楚，这是我所做过最困难的决定，我知道我冒着完全失去儿子的危险。但赞美主，我们的家庭在主里再次连结得更紧密，超过以往！你是对的，叶光明弟兄，神真真正正的是媒人！

J. Z. 拉威 亚利桑那

第 三 部

特別状況

第十章

离婚与再婚

离婚是现代社会的主要问题，它所造成的伤害、延伸远超过离婚夫妇本身，如果还有孩子的话，几乎是一定会对他们造成极大的情绪压力，通常带给他们的就是对婚姻与家庭抱着扭曲负面的看法。

然而，除了个人直接受影响，离婚是撒旦使用来破裂家庭的主要杠杆，且因此使整个社会结构危危欲坠，任何文明或文化对杂乱不受控制的离婚敞开门，也就形成一项毁灭自己的工具，就好像播种的是风，收割的是暴风，后果不堪设想。

可悲的是，离婚在基督教的教会里，几乎是跟非基督徒世界一样普遍，在这方面，最终结果就是无可避免的教会崩解。

到底是什么打开了这条路，让离婚在基督徒间变得如此普遍？两个主要因素可以说明：首先是对婚姻错误的观点，在教会已经放弃神与圣经的标准，在这部份他们已经拥抱世界，有人用下述的"比喻"来描绘这状况：船在海水中是好的，海水在船中是大错；教会在世界中是好的，世界在教会里是大错。

第二个主要原因：在基督徒中离婚率高涨是因为许多人对婚姻没有充分准备，他们对婚姻的本质或是义务没有清楚的了解，就进入婚姻。通常是他们没有得到帮助他们执行义务的指导跟训练，结果就像是一对夫妻在大海中的一条小船上，却没有人知道如何划船或是如何掌舵。

这是我诚挚的愿望与祷告：希望这本书能为上述这两点— 对婚姻本质的无知与缺乏预备，提供建设性的解答。

几世纪来，教会常常未能有实际的方式面对离婚问题，或是教会就自己设立一些既不公平、又没有经文呼应的规则。一个主要的原因大概是强调神职人员的独身，那些负责制定规则的人，事先就知道他们自己永远不需要遵从这些规则。耶稣说过这样的人，在他那个时代他说到法利赛人：**"他们把难担的重担捆起来，搁在人的肩上，但自己一个指头也不肯动。"**（马太福音 23：4）

教会领袖就像是法利赛人，策划了机巧的方式，规避自己的规定。对有钱人或是有权者来说，"休书"就像是离婚，产生 相同实际的结果，但没有违反律法的字面意义。

以离婚来结束婚姻，绝不是神对婚姻的心意。溯其源头，离婚总是个人远离神的方式与标准的结果，我们不应将任意离婚或是不合乎圣经的离婚合理化。

抢劫绝不是神对人的心意，抢劫就像是离婚，是在人心里面的罪发动出来，然而在教会以及社会都认为抢劫是有罪的，有义务要以正义及实际的方式来处理，没有正常人会接受以下这叙述："抢劫是邪恶的，因此我们必须加强法律来制裁双方，把抢劫的人跟被抢的人都关到监狱。"这明显的是曲解公义！

然而在离婚的事上，教会通常采用类似的叙述，拒绝承认无罪的一方与有罪的一方是有不同。"离婚是邪恶的"教会如此宣告，"所以我们会对双方做同样的惩罚，我们禁止他们双方再婚。"事实上，无辜的一方被抢走了比物质更珍贵的一些东西，而对无辜的一方所施行的惩罚，是比真的身体关在监狱里一段时间更严苛。

许多宗教人士倾向于质问无辜的一方，双方离婚不是都有罪吗？双方不都该被同等对待？

这就像是说抢劫事件的双方都是有罪的，所以应该受到相同的对待一样的道理。

当然又有人会问道：究竟圣经是否允许什么原因而离婚？对这问题清楚明白的立即回答是：是。在以斯拉时代，当一些犹太人违反摩西律法，与在他们附近外邦国家的女子结婚，以斯拉不但允许他们与妻子离婚，甚至实际要求他们要这样做（请见以斯拉记 9-10 章）

基于不忠的原因可离婚

想了解圣经的观点：在哪些状况，其中一方可以从婚姻的束缚中释放出来？这需要从神对人性的处理方式三个连续阶段来考虑：摩西律法之前的时期；摩西律法时期；耶稣借着福音作王的时期。

摩西律法之前的时期

以色列在摩西之前的时代，犯奸淫的惩罚就是处死。这在犹大个人生命的事件中说明这点：犹大在某个时机与一位他以为是妓女的人有性关系，但其实那女人是他的媳妇他玛，那时他玛是许配给犹大的最小儿子示拉，许配的关系被视为有婚约一样，破坏这关系就是犯奸淫。

他玛三个月之后怀孕了，犹大的反应是："**拉出她来，把她烧了！**"（创世记 38：24）当犹大发现是自己令她怀孕，就不再想要烧死她。然而这事件清楚显明在那个时代犯奸淫的就是死路一条，这是广为大众所认可的。

因此婚姻中判有罪的一方死刑，就自动使无罪的一方得自由，可以再婚。

摩西律法时期

摩西的律法制定奸淫的罚则：无论男女都是死罪（请见申命记 22:22-24）。再次的，有罪一方判处死刑，就自动使无罪的一方得自由，可以再婚。

人们通常引用保罗在罗马书 7 章 2 节的话："就如女人有了丈夫，丈夫还活着，就被律法约束。"他们没有加上同样的律法约束妻子，一生忠于她的丈夫。借着制定犯奸淫有罪的一方死刑，就自动使无罪的一方得自由，可以再婚。

更进一步来说，新约持续地强调摩西律法必须应用在单一、清楚明白的系统，所有的条件都是同样有效：例如 **"因为凡遵守全律法的，只在一条上跌倒，他就是犯了众条。"**（雅各书 2：10）**"凡以行律法为本的，都是被咒诅的；因为经上记着：'凡不常照律法书上所记一切之事去行的，就被咒诅。'"**（加拉太书 3：10）

高举律法的条件来捆绑一个女人必须终生守着丈夫，这是既不合逻辑、也不符圣经，却又否认同样这律法的条件：如果她的丈夫犯奸淫，借着死刑的惩罚，她就可以从婚姻中得释放。

耶稣作王的时期

在新约时代，耶稣清楚同意基于婚姻不忠的离婚：

> **"只是我告诉你们，凡休妻的，若不是为淫乱的缘故，就是叫她作淫妇了；人若娶这被休的妇人，也是犯奸淫了。"**

（马太福音 5：32）

"我告诉你们，凡休妻另娶的，若不是为淫乱的缘故，就是犯奸淫了。"

（马太福音 19：9）

淫乱的希腊字是 porneia，传统上来说—举例来说，钦定本翻译这个字为"通奸"（fornication），就是此字特指为彼此无婚姻关系人的性犯罪，然而透过新约的希腊文约，porneia 就用来描述任何不正当或不自然的性。下述为公认权威给予 porneia 这字的一些定义：

表示或包括犯奸淫。

（W. E. Vine 新约用字的说明字典）

卖淫不贞……各种不合法的性交……通奸行为的犯奸淫……已婚女性在性方面的不忠。

（Arndt &Gingrich 合编，希英新约辞典）

不正当的性交。

（Thayer 编，希英辞典）

在新约中，跟 porneia 相关的动词 porneuo 用在下列的例子（当然还有其他地方），涵盖的范围不只是无婚姻关系者的性犯罪。

使徒行传 15 章 20,29 节外邦人的基督徒被要求要禁戒 porneia—就很清楚不仅是未结婚者双方的性犯罪。

哥林多前书 5 章 1 节保罗描述一个人与他的继母住在一起的事，是用 porneia，在这里这字包括乱伦跟奸淫。

哥林多前书 5 章 9-11 节保罗命令信徒不要跟自称基督徒却犯了 porneia 罪的人连结，很明显的，他并不单指没有婚姻关系的人。

保罗使用 porneia 跟 porneuo 这两个字在哥林多前书 11 章 8 节跟哥林多后书 12 章 21 节是相似的方式。

在犹大书第 7 节，他用 porneia 来指所多玛与蛾摩拉的人在性方面的错误行为。这些城市的主要罪行是同性性行为，没有指涉这字限于无婚姻关系的人。

那么 porneia 包括通奸、同性性行为、人兽交、乱伦、奸淫，这是清楚的，而耶稣许可因上述任何一个原因而离婚。

因此，律法与福音对于 porneia 都得出相同的结论：无辜的一方可从他或她的婚姻中被释放出来。

然而其中有点不同，在律法之下，是要由判处有罪的一方死刑，另一方才从婚姻约束中释放出来；在福音之下，无罪的一方借着离婚所得的释放而得自由，或是选择对犯罪的一方原谅与和解，当然这要看对方悔改的证明是否令人满意。

那么一个人根据圣经的基础得以离婚，是否就可自由再婚了吗？无论是圣经的话语或是当时的文化都没有这样的暗示说：当一个人离婚，得到合法的自由后，不能再婚。相反地，在新约与旧约都明确陈述了可以自由地再婚。

在律法时代，摩西说如果一个人合法的与他妻子离婚，并且把她送走，她就自由的**"可以去嫁别人。"**（申命记 24：1-2）很明显的，摩西不是在宽容通奸。

在申命记 24 章 3-4 节，摩西说如果这女人的第二任丈夫死亡，或是跟她离婚，她的第一任丈夫不得再娶她。虽说这男人之前娶过她，是她的"第一任"丈夫，摩西明确指出第一次的婚姻已经合法的终止了。

在新约，保罗说："你有妻子缠着呢，就不要求脱离；你没有妻子缠着呢，就不要求妻子。你若娶妻，并不是犯罪"（哥林多前书 7：27-28）。

这说明一个人（照圣经意义）若是从婚姻关系中得释放，而后再婚并没有犯罪，既没有罪的耻辱，也非矮人一截。因此应该一个人在法律、圣经的基础上得以离婚，而后再行使他或她再婚的权利，这样的人并不是"一个次级基督徒"。

在人为的层次上，离婚这样的事件通常是在法院解决，不是在宗教法院就是世俗法庭。然而，超越所有人类的决定，公义的神圣原则是放诸四海皆准，有一个这样的原则贯穿整本圣经：无罪的绝不会视为有罪，万不以有罪的为无罪。

申命记 25 章 1 节，摩西简洁的总结审判官的两项责任：无罪的得释，有罪的定罪。在箴言 17 章 15 节，所罗门指出任何远离这原则的会遭到神最强烈的憎恶："定恶人为义的，定义人为恶的，这都为耶和华所憎恶。"同样的，对那些惹动神愤怒的名单，以赛亚这么说："祸哉！那些……称恶人为义，将义人的义夺去。"（以赛亚书 5：22-23）

这原则清楚明白可应用到离婚事件，施行同样条例到婚姻中犯 porneia 罪的一方，以及没有违反公义的人。

人们有时会争论说婚姻破裂是双方的责任，不可能知道谁是真正有罪的那方。这模糊了在这事件上真正的问题：这不是在讲双方谁自私、冷漠、好争吵。简单的说就是：是否有一方犯了 porneia 的罪，而另一方没有？在今日很多个案中，其中一方是公开认知到他或她的罪。

至少神明白的设想到这个可能性：要成立一方的罪，排除其他。因在摩西律法他规定：证明为通奸者，无论男女均为死刑。

就某方面而言，婚姻是种借由誓词的法律合约。合约的长度是由誓词所决定的，今日一般常用的婚姻誓词大概像是这样："我答应与你结婚……保持我自己只属于你（那就是性关系）……至死方休。"

在这誓词有两个主要的元素：一个使用条件（保持我自己只属于你）；一个时间条件（至死方休）。两个条件彼此绑在一起，是不能强迫分开来看。因此若一方因 porneia 破坏使用条件，另一方就自然的从时间条件的绑约里释放出来。

让我提供一个简单的模拟：史密斯租一个房屋给布朗，为期五年的租约，从 2011 到 2016 年。但他加入一个使用条件，布朗不能使用这房屋作卖酒的商店，如果布朗遵守这使用条件，且不使用这房屋卖酒。那么史密斯就必须遵守这时间条件，他在 2016 年之前都不能终止这租约。但如果布朗把这房屋拿来卖酒，毁了使用条件，那史密斯自动从时间条件中得释放，他立刻能够终止租约。

所以当婚姻的一方因 porneia 毁了使用条件的约定，另一方因此从时间条件"至死方休"得释放，这就是与上述例子要表达的类似意思。

婚姻中的遗弃

在新约的条例之下，有个状况是基督徒可以从婚姻的捆绑中释放出来。保罗在哥林多前书 7 章 10-15 节中描述道：

> 至于那已经嫁娶的，我吩咐他们；其实不是我吩咐，乃是主吩咐说：妻子不可离开丈夫，若是离开了，不可再嫁，或是仍同丈夫和好。丈夫也不可离弃妻子。我对其余的人说（不是主说）：倘若某弟兄有不信的妻子，妻子也情愿和他同住，他就不要离弃妻子。妻子有不信的丈夫，丈夫也情愿和她同住，她就不要离弃丈夫。因为不信的丈夫就因着妻子成了圣洁，并且不信的妻子就因着丈夫成了圣洁。不然，你们的儿女就不洁净，但如今他们是圣洁的了。倘若那不信的人要离去，就由他离去吧！无论是弟兄，是姊妹，遇着这样的事都不必拘束。上帝召我们原是要我们和睦。

保罗在第 10-11 节处理两个信徒彼此的婚姻关系，借着他的附加说明 **"其实不是我吩咐，乃是主吩咐说"**，他指出这样的状况已经在耶稣福音的教导中谈过了，立场明确不模糊：无论是哪方都不可跟对方离婚，除非是在婚姻中不忠。（既然耶稣在福音书中陈述过这项例外，不需要保罗在这里重复。）然而如果他们离婚，就有义务不再与他人结婚，或不与对方再婚。

在第 12-15 节保罗处理信徒与非信徒的婚姻：借着他的附加说明 **"我……说（不是主说）"**，保罗说明这状况在耶稣福音书中并没有涵盖到。

保罗把维持婚姻中和睦的义务加在信徒这方，希望赢得不信的这方能相信基督。但当不信的这方排斥此方式，并拒绝继续婚姻，且离弃信主的这方，那么信徒就可从这婚姻的约束中得释放。因此可以自由地进入新的婚姻，然而要符合两个条件才可以：第一必须符合当地的所有法律规定；第二新的配偶必须是基督徒。

我们考虑到新约明确处理的两个状况：当婚姻中的一方对婚姻不忠；当信徒因对基督的信仰而遭不信一方的遗弃。在这两个状况中，当所有相关的条件都符合，信徒就有权利可以离婚，所以也可以再婚。

想要更清楚了解圣经中对离婚与再婚研究的读者，我建议这本书：由 Guy Duty 所写的《离婚与再婚》。这位作者直到 1977 年蒙主宠召都是神召会牧师。他以逻辑、合法的精确度来谈这主题的每一层面，回复每个问题。

其他状况的离婚

然而有些关于离婚的状况，在新约中并没有明确的涵盖。忽略这些状况是不切实际的，反之，在圣经没有明确说明的地方，硬要将其教条化也是不智的。也许诚挚的基督教圣职人员最好的方式是跟保罗说一样的话：**"我没有主的命令，但我既蒙主怜恤能作忠心的人，就把自己的意见告诉你们。"**（哥林多前书 7：25）

那么，那些过去在婚姻失败而离婚，后来得到救恩成为基督徒的人呢？

关于宽恕这方面的事情，圣经是再清楚不过的了（感谢主！）马太福音 12 章 31 节，耶稣说：**"所以我告诉你们：'人一切的罪和亵渎的话都可得赦免，惟独亵渎圣灵，总不得赦免。'"** 一切的罪包括犯奸淫跟所有其他性方面的偏离，唯一的例外就是亵渎圣灵的罪。

使徒行传 13 章 39 节，保罗告诉犹太的听众们：**"你们靠摩西的律法，在一切不得称义的事上信靠这人**（耶稣），**就都得称义了。"**

请注意这里讲得多么清楚！每一个人在一切的事都得称义了，这包括犯奸淫以及其他形式的性犯罪。

在哥林多前书6章9-11节，保罗写给哥林多的信徒们再次提道：

你们岂不知不义的人不能承受上帝的国吗？不要自欺！无论是淫乱的、拜偶像的、奸淫的、作娈童的、亲男色的、偷窃的、贪婪的、醉酒的、辱骂的、勒索的，都不能承受上帝的国。你们中间也有人从前是这样；但如今你们奉主耶稣基督的名，并借着我们上帝的灵，已经洗净，成圣，称义了。

这个丑陋、得罪神的清单包括奸淫以及性堕落，借着在基督里的信心，他们不仅得赦免，也被称义、算为无罪，与神自己的公义同等。以神的眼光来看这事，他们彷佛从未犯过罪，当然这样的释放，使他们在生命每一领域都有全新、完全的开始，包括婚姻。过去的罪恶阴影或是定罪不会跟着他们进入这个新生活。

至于那些质疑信徒悔改就可在生命中有全新开始的人，会使自己陷入一种危险，就是忽视彼得的警告，他在使徒行传10章15节说道："**上帝所洁净的，你不可当作俗物。**"

关于基督徒所面对的离婚状况可说是不胜枚举，且相当复杂，这里不可能逐一检视，以下只是三种状况的举例：

第一例：两位非信徒的离婚者结婚也生了孩子，后来他们成为基督徒，那这样说他们是对的吗？"你们犯奸淫，必须要分开，取消你们现在的婚姻，要不回到你们原来的配偶，或是维持离开原婚姻，但不再婚的状况"？这会对孩子产生什么影响？而以下这样说，是否是更符合圣经福音的精神："神给你们一个新的开始，尽可能补偿过去浪费的年岁，小心不要重蹈覆辙"

第二例：两位非信徒结婚，后来离婚，但非基于婚姻不忠的原因而离婚。不久这丈夫再婚，因此根据圣经的标准是犯奸淫，不久这太太重生得救，成为基督徒，基于她前夫犯了奸淫，她可以自由的再婚吗？

第三例：两位非信徒结婚然后离婚（如第二例），在离婚之后他们不再连络。这位妇人不知道她的前夫是否再婚，或是与别的女人同居，后来这女人重生得救成为基督徒，她算是自由的可以再婚吗？或是她必须先证明前夫犯奸淫？如果她没办法再次联络到他，那怎么办？

我们不是都需要非常小心来判断这些（以及类似的）状况呢？指引我们的原则就在雅各书 2 章 12-13 节："**你们既然要按使人自由的律法受审判，就该照这律法说话行事。因为那不怜悯人的，也要受无怜悯的审判；怜悯原是向审判夸胜。**"

从被弃绝中得医治

上述的这些纲要虽然简短，但已涵盖离婚的主要法律上会影响基督徒的几个层面，然而离婚的影响远超过单纯法律的领域，几乎没有例外的，这些影响是包括很深的痛苦情感伤害。

在以赛亚书 54 章 6 节里神描绘一个年轻离婚的女子："**被离弃心中忧伤的妻，就是幼年所娶被弃的妻。**"这样的苦痛不仅限于离婚的女性，男人也是受伤甚深，同女性一样。

在以赛亚书的文字中，神精准定义这伤痛的性质是被弃绝，然而在神奇妙的恩典，他提供这伤害的医治，借着耶稣在十字架的替代牺牲，耶稣替代忍受所有因悖逆而临到人类身上的痛苦，最终的痛苦就是弃绝。

先知以赛亚描绘的耶稣是："被藐视，被人厌弃；多受痛苦，常经忧患"，然而最终极的弃绝不是来自人，乃是来自神、他的父。他忍受这点，因为他担当人类所有的罪，也因此神的公义令神转脸不看他的爱子，并对他痛苦的呼求掩耳不听。

父神最终的弃绝是在马太福音 27 章 46 节的描述："**约在申初，耶稣大声喊着说：'以利！以利！拉马撒巴各大尼？' 就是说：'我的上帝！我的上帝！为什么离弃我？'**"宇宙历史上的第一次：父神不回应他儿子的呼求，耶稣因为被弃绝的痛苦就立刻死了，比钉十字架肉体的影响还大，导致如此迅速的死亡。而彼拉多不了解弃绝的影响，还"**诧异耶稣已经死了**"。（马可福音 15：44）

在耶稣痛苦的向父神呼求之后，马太继续记载："**耶稣又大声喊叫，气就断了。**"（马太福音 27：50）

耶稣的受苦就是使人类得医治所付的代价，"**因他受的鞭伤，我们得医治。**"（以赛亚书 53：5）包括在这项代价当中是医治被弃绝的伤害，耶稣代替我们忍受弃绝，而我们因此可以得到医治。

若是因婚姻破裂而经历到弃绝的伤害，以下三个清楚步骤，可以让你得到医治：

首先，承认你自己受伤，不要想掩饰你的伤口，愿意向你天父慈爱的双眼敞开自己。

第二、你对医治的信心，单单靠着耶稣的替代牺牲，应用以赛亚的话对自己说："因他受的鞭伤，我得医治了。"每次你感到痛苦，就重复这话："因他受的鞭伤，我得医治了。"持续不断的说，直到医治变得比痛苦更真实。

第三、放下你对前任配偶所有的苦毒与憎恨，宽恕另一方是个决定，不是感受。你不需觉得要宽恕，你要意志上决定。呼求圣灵的帮助来作这决定，并持续宽恕下去。请记住：你从神领受的赦免是与你赦免别人同量的（请见马太福音 6：14-15）。

我曾经辅导一位妇人，她的丈夫令她极为痛苦了十五年，然后就遗弃她跟孩子们，我力劝她原谅他。

"他毁了我十五年的青春，"她大声喊叫愤慨地说："而你要我原谅他？"

"呃……如果你要他也毁掉你接下来的生活，那就继续憎恨他吧。"我答道。我提醒她憎恨的人通常比被憎恨的人痛苦。从这方面看，原谅伤害你的人，既不是感情用事，也不是要有多高尚的情操，这单纯的就是对自己有益。

当你走过这些步骤，把过去的伤害抛在背后，为你自己的生活与未来向神作一个全新的委身，他对你的生命有计划，是不会被人的敌意或撒旦所挫折的。请遵循保罗的典范："**忘记背后，努力面前的，向着标竿直跑，要得上帝在基督耶稣里从上面召我来得的奖赏。**"（腓立比书 3：13-14）

请容我向你保证，我个人服事过很多离婚者，借着这几个步骤，他们所受的伤害都得到医治，且领受生命富足、信心充实的更新。

见 证

从罪中得释放得自由

我听了你的录音带系列"**结婚、离婚、再婚或是独身**",我赞美神,我已从离婚所带来的罪咎中得释放,我相信神对我的生命有目的。

再次感谢你,叶牧师,你的录音带系列:"**让神为你择偶**",我赞美神,赞美圣灵透过这些讯息安慰我。

谢谢你的见证,叶牧师,在你的讯息中所提的许多事情,我都能感同身受。我特别喜欢神如何把你与路得带在一起的故事。与女人相关的事情,我是十分无知的。谢谢你告诉我从神的话而来的许多极有价值之原则。

J. B.
大瀑 蒙大拿

第十一章

独身的位置

婚姻是大部分人生命中必经过程，然而神也没有带领他所有的孩子走这条路。对委身的基督徒而言，在这地上生命最重要的目的不是结婚，是行神旨意。耶稣在约翰福音 4 章 34 节就建立这个永远模式，耶稣说：**"我的食物就是遵行差我来者的旨意，做成他的工。"**对耶稣自己而言，在他以肉身生活在地上时，父神的旨意并未包括婚姻，反而是耶稣期待庆祝与他的新妇教会结婚的那天！

身为基督徒我们需要常常提醒自己：我们当前在地上的生活，尚未得到完美完全的意义，但我们也不能陷入"万事皆暂时"的迷思。使徒约翰警告："**这世界和其上的情欲都要过去，惟独遵行上帝旨意的，是永远常存。**"（约翰一书 2：17）生命中永远的满足与实现，只有一个确定不变的基础：寻求并实行神的旨意。

假设神对你生命的旨意并不包括婚姻，假设他要求你像耶稣一样，就是等待与羔羊的婚姻，那怎么办？

也许这是一个你从未诚实面对的事情，你单纯的把婚姻设为你的目标，并努力朝向它—但到现在并没达成。你说："我一直祷告，祷告有个丈夫（妻子），但是神没有回应。"你难道不觉得"没有"也是种回应吗？

当你面对这事，放下你自己的计划与先入为主的想法，向神打开你的心。通常当神准备向我们说话时，我们并没预备好去听他要说的话。神在诗篇 46 篇 10 节挑战我们说:"你们要休息,要知道……"对此我们需要以诗篇 85 篇 8 节的话来响应:"我要听上帝—耶和华所说的话。"

要做到内心安静到可以聆听神的话,是需要时间、牺牲及自律。这可能表示要减少看电视的时间、或是减少跟朋友讲电话、或是减少社交活动。这可能需要把报纸杂志放在一旁,单独花时间读圣经,但无论如何,聆听神的声音没有任何替代品,花费的代价也许很高,但报酬可是大大高过付出的代价!

有一点可以确定的就是:如果独身是神对你的计划,你却挣扎着想要结婚,你就永远不会有真实的平安或满足。而且如果你终究真的结婚了,你也无法解决你深层的挫折,相反的,可能会加增你的挫折,你不幸的配偶也可能变成这些挫折的受害者。

可能你诚挚的为婚姻寻求神,而他没有给你一个明确的答案:他没有给你配偶,也没有向你显示持续单身是他的旨意,若是如此,你需要遵循大卫在诗篇 37 篇 7-8 节的劝告:"你当默然倚靠耶和华,耐性等候他;……不要心怀不平,以致作恶。"在你目前的状况全心的服事主,将未来交在他的手中,你安静信任的态度能使你对神将给你的方向保持开放。

每位未婚的基督徒都需思考是否独身是神对他╱她生命的旨意,这是非常重要的事。一个人对这事安顿好到他自己满意,有内在的平安,也能在其他事情上更容易分辨出神的旨意。一个人的心里若是常常被婚姻的事所占据,就另一方面来讲,可能会错过神在其他领域的带领,以致选错人生的轨道。

基督徒也许需要维持单身的主要原因会是什么呢?这可以分成两大类:自然的与属灵的。就自然的原因来说,大多数的状况适用于基督徒与非基督徒，他们始于一种个人生活或是状况，就这样发展下去，并没有任何神的直接介入可参照；另一方面属灵的原因就是：与基督徒的特别呼召或是服事场域相关。

独身的自然原因

独身的自然原因可以再分为三个种类：身体的、心理的、社会的。身体的原因与一个人身体发展相关；心理的原因则是与一个人心理与情感的发展相关；社会的原因则是与一个人所处的社会相关。因本书不是上述那些领域的教科书—医学、心理、社会，我不打算要对那些可能引起上述方面的原因作详细分析。

然而基督徒在这些领域中，若因个人问题挣扎，可以好好祷告、寻求这领域的合格专业帮助，这样就很好。若可能的话，这样的专业人士最好是基督徒，或至少是对传统犹太教或基督徒伦理有所了解的专业人士。

就目前而言，简略了解一些独身的自然因素之基本例子就足够了。在身体的领域：明显的状况可能是那些严重的遗传缺陷，例如唐氏症、或是脑性麻痹、或是有某些严重受伤，如四肢麻痹，还有一些性功能未发展、或是未正常发展的。在很多这些状况下，但当然不是全部，神或许指示对这样的人维持独身是最好的。

在心理问题的领域：有些人是心理残疾或是心理有障碍。几乎每个基督徒的教会，无论大小，都会有一个或一些会众有这样的状况，他们通常是最快乐，而且最可爱的会友。其中也有些就医学上可分类为精神分裂，甚或精神病，但从他们挣扎的深处，有时彰显的洞见与委身，与圣人同等。对这些或是类似这样的人，独身通常似乎是神的计划。

就社会学来说，则有不同状况作为独身的原因。以发生在路得的家庭背景为例来说，她的祖母很早就去世，身后留下六个孩子，最年幼的是个名叫卡罗琳的女儿，当时大概六岁左右。数年后卡罗琳的父亲再婚，她就待在家照顾父亲跟继母。当卡罗琳大概四十岁时，她的父亲过世，那时她的继母因关节炎而行动不便，卡罗琳持续照顾继母，一直到大概二十年之后，继母也去世了为止。卡罗琳一直独身，忠心的按圣经所说的，完成她对父母的义务。

此外，在世界上不同地区的群体当中，基督徒弟兄的数目比同龄的基督徒姊妹少，在这样的状况下，许多基督徒姊妹可能有智能的决定维持单身，全心委身于主，比与缺乏真实委身属灵的男人不同负一轭来的好，这样单身姐妹的委身是很多当地教会的巨大属灵力量。

有人也许会立刻问这问题："难道神不能行神迹，医治刚才提的那些身体跟心理有状况的人吗？"当然神能，事实上，我真看过很多人被神的大能触摸并转化，包括那些身体瘫痪、精神分裂、或精神病，以及那些脑性麻痹或唐氏症者。

同时我也必须承认，我看过更多的人并未得医治，那些得医治的和未得医治的人都得到同样的祷告，没有任何令人信服的原因说，那些得医治的人比未得医治的来得圣洁或是更属灵。那怎么解释呢？对我而言，解答在申命记29章29节："**隐秘的事是属耶和华—我们上帝的；惟有明显的事是永远属我们和我们子孙的，好叫我们遵行这律法上的一切话。**"为什么有些神所选择的孩子们，甚至他的那些得力仆人也未得医治？这是属于**"隐密的事"**的领域，是神认为在这时不适合与我们分享。我学习到在他的全

能面前俯伏，就像耶稣自己说的：**"父啊，是的，因为你的美意本是如此"**（马太福音 11：26）

我也借着经验与观察，学习到神给保罗保证的真理：**"我的恩典够你用的。"**（哥林多后书 12：9）当神说这些话时，保罗正处在一个严峻的折磨状况，而神拒绝使他得医治，神提供恩典，使他能在受苦中夸胜。

在上述这样的状况，神的恩典以两种方式中的其中一种，运用出来：一种是他奇妙地将我们从折磨中释放出来；或是我们可能留在折磨中，但能将折磨变为夸胜。无论哪种方式，都是神的恩典运行，每个状况都是在他旨意、在他全能的主权中。但无论神选择哪种方式行事，他的恩典总是够用的。有人曾以此方式表达：神的旨意绝不会把我放在他恩典无法保守的地方。

若是认为基督徒在疾病下无法结婚，所以永远无法达到其他基督徒享受的平安或快乐，这真是个错误想法。也许这么说有些奇怪，但通常是正好相反。事实上，许多基督徒在某方面是残障，但比其他被视为"正常"基督徒能得着更大、更好的 平静与心满意足。实际上，真正的平安与成就实现，只给那些学会俯伏在神全能的主权面前的人，无论他们是完全得医治，或持续在折磨中，通常这种对神的降服对"残障"基督徒比较容易，比那些享有心理与身体完全健康的基督徒要容易得多。

对那些因家庭或是环境的情况，而选择不婚的基督徒，也是如此。他们以服事神为喜乐，往往比他们身边一些已婚的基督徒活得更加快乐，也更丰盛。

因属灵原因而独身

当我们谈到从自然的独身原因到属灵的原因，面对的是新约中两种不同的可能性：第一是因神超自然的主权授与；第二是透过自我宣告、放弃的牺牲式行动。

超自然授与独身的最佳例子就是保罗，以下是他描述他独身状况的原因：**"我愿意众人像我一样（独身）；只是各人领受上帝的恩赐，一个是这样，一个是那样。"**（哥林多前书7：7）对保罗来说，独身不是牺牲，是从神而来的恩赐，他在这样的状况很快乐，若结婚的话他可能不快乐。

在这里译为"恩赐"的希腊文是 charisma，复数形是 charismata，这个字也是英文 charismatic（灵恩的）的字根。

Charisma 是新约其中一个非常特别的观念，也是独特启示中的一个重要元素。该字是从字根 charis 加上最后音节的 ma 所组成。charis 意思是美好、恩宠、恩典，特别用来表示：那些基于耶稣基督的信仰而成为他孩子的人，神对待这些孩子的方式。因此恩典是努力不来的，是单单从神自己的主权所定意给，且是平白的给。

加在后面做最后音节的 ma，是把原本"通常"的意思，转变成"特定"。charis 是指一般的恩典，可以是各种不同形式的恩典，然而 charisma 就是单一、特别形式的恩典，是神给予每个基督徒，为了他们能行出神在他们生命中至高无上的目的。

在过去的这些年间，灵恩运动把世界各地神的子民带到基督徒生命中对恩赐的新认知。借着基督教义的超自然向度对教会更新产生主要的影响，特别注意到九种属灵果子或是称为属灵的恩赐，这些列在哥林多前书 12 章 8-10 节。

许多相信恩赐的信徒有种印象就是：所有恩赐都是可得的，这一点也不是真确的。我算过在新约里面神恩典特别显明的有廿二种，都称为恩赐，其中一项是保罗在哥林多前书 7 章 7 节提到的独身。当我在教导属灵的恩赐时，有时会特别警告基督徒，如果他们只是单单向神求恩赐，没有指明到底是要哪一种，他们可能发现神赐独身的恩赐给他们！绝大部分的人可能、甚至不知，这也是种恩赐。

对 charisma 的简单分析显示关于保罗独身本质的两项重要事实：首先，这是从神来的至高无上恩赐，这不是保罗赚来，或可以赚来的，这也不是他自己做成的决定。神以他无穷的智能赐予这项恩赐给保罗，而保罗领受并照着神赐给他的目的来使用。

其次，保罗的独身是较一般自然独身更高一层，这不是靠他自己的努力可以成就的，这不是结果。举例来说，那不是严厉的做法，或是禁欲、刻苦，当然这需要自律来维持这项恩赐不被侵扰，且使用这神圣恩膏，来完成得此恩膏所要完成的目的。但不是单靠自律的累积就可以产生这项恩赐的目的，这是只能从神超自然的授与而有的。

有一点也是很重要的，保罗虽然独身，但并没有与教会脱离，或甚至从世界的压力和挑战中脱离，他持续生活在人们中间—神的百姓与世人间。保罗自己写下关于这项属灵的恩赐：

"圣灵显在各人身上，是叫人得益处。"（哥林多前书 12：7）就他自己独身的恩赐而言，这不仅对他自己是一条通往属灵完美的窄路，目的更在于用最有效的方法装备自己，以便他可以建立基督的身体。

在哥林多前书 9 章 5-6 节，保罗拿他自己跟巴拿巴的这项特殊服事，与其他使徒们相对照："**难道我们没有权柄娶信主的姊妹为妻，带着一同往来，彷佛其余的使徒和主的弟兄并矶法一样吗？独有我与巴拿巴没有权柄不做工吗？**"我们可以从这段经文看出巴拿巴和保罗一样是独身，然而很清楚的，这两位是使徒中的例外，其他使徒的妻子们通常是与他们一起走在服事的旅程中。

很明显的，保罗的独身与神特别指定他去服事的特别压力与要求，确实有直接关系。对他所必须去做的事，独身是重要的工具。如果保罗结婚，无法避免的会发生某个结果：要不他的婚姻会是个灾难；或是他无法完成他生命的任务。

我相信约翰韦斯利是从神领受天生具有这个类似的恩赐，但却未能察觉。他的婚姻可能是他人生中唯一的重大错误，阻碍了他的服事，而非帮助，且似乎并未让他快乐或是实现成就。因此神的仆人要能够分辨哪些特别型态的呼召，是需要装备有独身恩赐，这一点真的很重要。

在马太福音 19 章 12 节耶稣提到另一种独身的型态，也在基督徒生活中占一席之地："**因为有生来是阉人，也有被人阉的，并有为天国的缘故自阉的**（就原文字面意义来说就是自阉）。"耶稣描述像阉人这种无法有正常性关系的人，他特别说明产生这样状况的三种不同方式：有些是天生如此；有些是因人为方式（就是去势）而成为这样；有些是借着他们自己意愿所下的决定。

第三种方式，是"**为天国的缘故**"，也就是能够全心投入、没有保留地在神的国度中服事。虽然"阉人"一词，通常是指男性，在这里似乎适合把男性、女性都包括在这一大类里，他们为神以及神的国放弃婚姻，以基督徒服事的特别形式—独身的状况，全然投入。在数世纪的教会历史中很明显的有许多数不清的这类例子。

然而，在这第三类的人们中，不见得每个都被神赋予超自然的独身恩赐，这是由耶稣所使用的语言表示出来：他们自阉，是自己的决定所形成，而非从神至高无上的旨意。这样的人他们可以有快乐的婚姻，他们并不是像保罗一样。对他们而言，独身代表自我牺牲，是靠着自己的意志力来达成与维持。

属灵的独身可以从两个方式而来：由神所授予的恩赐，或是个人意志的决定。这两个中任一情况所产生的结果，是与每人个性的内在错综复杂的机制有关。

不同形式的动机与表达所形成的一个人，可以用一个湖生出很多溪流来比喻，如果其中有一条河筑水坝拦住，就会有相连的超大水量流到其他支流去。人类个性中有个主流是在婚姻中正常表达性爱，然而在基督徒的生命中，若是性的这条河流堵住，相连的灵性、知性、感性的精力大量流到其他的表达形式，例如代祷、学术、艺术的活动，或是对穷人的服事。

以下是西温·修斯对基督徒生活中性所在位置的分析，非常清晰适切：

当一个人将其性欲向神降服，性欲对这个人的掌控和权势就瓦解了。埃列克·卡瑞曾经说过，在世界上能作出最伟大工作的人，通常在肉体层面，性本能上也很具强势。但他们却将其旺盛的本能放置在生命的末端，不让性欲来掌控自己，故能成就大事。在婚姻中，性本能的导向是生育繁殖，以及夫妻彼此间的愉悦。

在婚姻外，性之本能却需要被升华，被净化，终而转化为在神国度中的创造力。请记住，那带下服事大能的人，通常本身从肉身层面而言，也具备极强的能力。

有一些特殊类别的基督徒是必须独身吗？举例来说，对所有蒙召作牧养服事的人需要独身吗？新约并没有这么指示。这点已经讲过了，在所有使徒中只有两人有这项特别的恩赐，就是保罗与巴拿巴（甚至巴拿巴是否包括在内，也是可以再讨论的。）

对于担任监督(传统上译为主教)的条件,保罗这么叙述道："**作监督的，必须……只作一个妇人的丈夫，……好好管理自己的家，使儿女凡事端庄顺服。**"（提摩太前书 3：2-4）因此独身可一点儿都不是条件，保罗认为监督应该是已婚有家室的男性。

就我自己这些年来的经验与观察，我认为这是个有智能且实际的条件，在协助单身女性与已婚夫妇，牧师通常需要妻子从不同层面给他特别的洞见。在一些他可能暴露在性诱惑的状况，他也需要一个妻子的保护。这对传道人是不公平的，他们必须花费许多时间单独与女性相处，无论是祷告、或是辅导她们，许多令人不乐见的纠结关系就是从这样的状况下发展出来的。

犹太教的拉比毫无疑问必须是已婚的男性，这有其原因。在这方面，犹太人的立场是比传统基督教教导所有神职人员必须独身，还要更接近圣经。

独身当然在神为服事他的仆人之预备上有其特别的位置，或许是来自神授与的崇高恩赐，或许是个别基督徒借着祷告而来的决定。但决不是对某特定类别中所有神职人员的固定要求。因此无论结婚或是独身，每个人都受召作不同形式的服事，这有待个人去发现神对自己生命的旨意。

见 证

将选择权交给神

大约二十年前，我与结婚六年的丈夫离婚，有两个孩子，分别是五岁跟两岁。我在一个很好的基督教会与家庭长大，但却堕落了，来来回回好几年都在错误的地方寻找爱。后来决定回到我被教导的信仰原则，我将生命献给基督，但一直在独身的事情中挣扎。

一天，当我走过一家书店时，我发现《神是媒人》这本书，它改变了我的人生。我读着并且向神呼求，这书说明了单身不是仅等候配偶，而是与全能神结婚的时间。我告诉神若是我可以将灵魂交托给神，我也可以将我的性欲交托给他，我永远不会忘记在家中二楼的房间内，所经历那个得释放的时刻，神在瞬间就使我得释放。

现在我身在这里，是一个得救被圣洁的圣灵充满，以火施洗至高神的圣徒，我努力奔跑要得见终点会是什么。神是守护者，因他保守我在这后来的二十年，很满足并完全将我的单身交托他。我享受我的状态，也不必挣扎、沮丧、或是灰心，若神选择将某人带入我的人生……很好；若神不会，那也很好，有我与耶稣的关系，对我就够好了。

我将这本书送给无数的单身朋友，他们努力要成为完整，除此以外，什么都不要。我知婚姻对神是尊贵的，但单身也是如此。

我只是希望叶光明牧师知道，这小小的一本书改变我整个的人生，我为叶牧师的服事赞美神。

O.P.,
U.S.

第 四 部

路 得 的 故 事

第十二章

大卫王饭店，不见不散

当我站在耶路撒冷的邮局的信箱旁边，我的手颤抖、心也怦怦地跳，我打开这电报：九月廿日九点在大卫王饭店，不见不散。光明。

我喘一口气，再读一次，叶光明牧师真的要在赎罪日（犹太历中一年最神圣的日子）来耶路撒冷，而且他要见我！

我赶快回到我在附近住宿的房间，跪在狭窄的床边，在电报旁边，打开我的圣经祷告着："主啊，这是代表我想的意思吗？安静我怦然不止的心，帮助我听见你的声音，等待你的指示。"

当我在他面前等候时，平安开始临到 —— 一种安静的确据：神带领我进入他一直在预备我的计划中。

其他问题仍然纠缠着我：叶光明牧师，这位我认为伟大的神人，怎么会接近我这样一个离婚的女人？若是我想象的事—根本就不是神在最近这几个月告诉我的事，如果我被欺骗呢？若是我让自己燃起希望，放出自己的感情，会不会再度受伤呢？我是否敢信任他？或是敢信任任何男人？

我清楚记得 1965 年的那个晚上，我在床上辗转饮泣，我的希望跟"从此过着幸福快乐的日子"的梦想，在我眼前毁灭了。我的心撕裂、情感混乱，那天晚上我想要、我希望能建造一个新生活，找到满足与成就，然而恐惧在我里面油然而生—害怕我永远没人爱，或是再也无法去爱，我的余生就是孤独、寂寞、或是更糟糕的在另一段破裂的婚姻中生存。

我就是经文上所称的"**被离弃心中忧伤的妻，就是幼年所娶被弃的妻。**"（以赛亚书 54：6）我廿一岁时就嫁给一个犹太人并改信犹太教，离开我自己的传统与文化，全心投入这段我期待应当是一生的关系中，毫无保留。我相信我们的爱可以通过一切考验，但这段婚姻在十三年后就结束了。我不再令他喜悦，他也不想再要我，他有了另一个女人。

最后，我停止哭泣，我睡着了。黎明时，我发现自己在睡着时，不知怎样就作了个决定，我会孤独走下去，再也不要让我自己被另外一个人的行为伤害，不再让自己情感受伤，维持表面的关系就好，我不要让任何人靠近，以便有机会能再次这样伤害我。

那是在 1965 年，现在是 1977 年了，我必须决定是否敢冒险、再有一次亲密关系。我知道必须等这男人采取行动，在我甚至不知是否有这可能性之前，这个电报似乎是个确据的迹象：叶光明采取行动了。

我可以避免这个风险，不必回复，他唯一有的地址是我的邮政信箱，如果我不到"大卫王饭店"那里去见他，那就是结束了。但这样会令神喜悦吗？我胆敢违背里面的声音说：这是我为什么把你带到耶路撒冷生活，这是我一直为你全部人生所预备的事。

我安静的等候，直到完全的平安临到。我知道我能信靠我的神，他透过耶稣基督弥赛亚向我显示他自己，所以我说："主啊，愿你的旨意在这事上成就，我不知前路有什么，但你知道，而我就是信靠你。"

我通常不是以这样方式作决定，我在经济大萧条时期，出生在一个大家庭，天生具有柔软心肠与强壮身体，我很早就学习到要为自己着想，要采取主动，倚靠自己的能力。我失败很多次，未达到自己的期许，我的响应总是一样：立定志向，再多研究、更努力，下次做得更好，有时我几乎是为情感战役所击溃，是我无法靠意志力量或是自律克服，但我从未想到要向耶稣求助。

我是在密执安州的路德教会长大，不知为何我未能领受到与神有个人关系的概念，那个教会里有很多活动—主日学、爱宴、坚信课程、青年团契。但我从来不了解耶稣复活的真义，且通常搞不清楚，好像耶稣跟马丁·路德似乎拥有差不多一样的地位。多年以后，我知道我的弟弟（当他还是小男孩的时候），在那教会遇见耶稣。所以我想，这大概是何以我未能了解所教导的内容。总之，当我能够离开时，就离开了，因我认为那个宗教不能给我什么。

几年以后，当我是美国海军陆战队的中士时，遇见我的犹太丈夫，并与他结婚。

令我十分讶异的是，当我研究要归化到他的宗教时，我发现这个我在路德教会从未认识的神—不是以个人的方式，但是很确定有一位神关照宇宙，且为了他自己的缘故，伸手在犹太民族上。那时是 1950 年代初期，正是大屠杀之后，我正努力了解犹太人的独特呼召—似乎为神所爱，却又受尽苦楚，世界上应该没有任何民族像他们那样受苦。

拉比对我说："你非常确定要走完这整个信仰改变过程？作个犹太人不容易，没人了解你，甚至可能最后被送到煤气室，你已经跟你丈夫结婚了，如果你不归化犹太教，没人会抓着这点反对你，你自己要非常确定！"

我的回答很清楚：我在犹太教义中找到更多，比我以前所相信在宗教中能找到的更多。所以我改名为路得，意思是"亚伯拉罕的女儿"，而且成为严格遵守保守犹太教的女人。我死背那些安息日与犹太假日的希伯来祈祷文，我学习如何烹煮特别的餐点，如何因着不同节庆布置家里，在仪式中有安全感和极大的平安，甚至在紧密的犹太小区中有更好的关系。

因为我不能怀孕，我们领养了四个犹太小孩，其中一个孩子是个女孩，之后葬在奥瑞冈州波特兰犹太墓园中，一天早晨我发现她死在床上，但我的新宗教带领我走过失去爱女的震惊与悲伤。

在这十三年的婚姻中，我们搬过许多次家，总是为要配合我丈夫的职涯。我们的锚要不在当地的犹太会堂，要不就是在镇上一些犹太家庭中，这是因为人数太少而无法成立会堂。我们似乎可代表典型的犹太家庭—富足又热衷于政治，我们在当地小区有着忙碌的社交生活。我对儿童的犹太教育非常热心，通常会为了他们的课程载他们到旅途遥远的地方，且企图保护他们以免受到主流基督社会的压力。

有天我丈夫出差回来，他从袋子拿出报纸，并放在梳妆台上，我注意到有张旅馆的收据：贝克夫妇。我呆若木鸡，拿起来看，没错，一些事情开始变得清楚了：延长到周末的"出差"，对孩子漠不关心，对我批评挑剔，用些莫名的标准衡量我这一切说明，我的丈夫有外遇了。

当我回过神，跑去找请教一位信赖的朋友（大我几岁），她当机立断的说："什么都不要说。把发型设计一下、买些新的内衣、作他最喜欢的菜、赢回他。"

好几个月我假装不知道这事，每次都敞开双臂欢迎他回家，迎合他。他虽喜欢这样，但持续与外遇的关系。在这时候，我已经知道对方是谁了，因此期待有机会转调到另一个城市，这带给我一丝希望，直到我听到他不经意的提及，她也会转调到那里，然后他告诉我，孩子们越来越喜欢她，这就太过分了。原来他带着孩子们出外游玩，没有我，却包括她！于是我去找律师。

接下的三年真是痛苦，我们的整个生活破碎不堪，我默许他的要求：不要因他外遇而离婚，为了他的职涯。我同意照着一般离婚程序：先分居一段时间。我们切割财产，孩子跟我搬到一间比较小的屋子，仍住在好的小区里面。我继续读书，完成我的大学学业。

我们这样的安排是共同协议的，但我完全没想到当他转调到别州（不在法院的司法管辖权内），他就开始不付赡养费与孩子的相关费用了。

除了孩子以外，我似乎失去所有的一切：我没有丈夫、没钱、没希望—所以我必须采取法律行动，我下定决心申请学贷，吞下我的骄傲，找份兼差：挨家挨户卖化妆保养品，我的目标是完成学业，并得到足以养家的薪水。

我的孩子们受苦更多：失去父亲，而他们的母亲总是太疲倦，或是太忙，很多晚上我看着他们睡在床上，我内心哭喊着：为什么？神啊！为什么？他们曾是那么可爱的婴儿，我们充满着希望带着他们回家，但对他们我无法身兼父职，我甚至做不到一个好母亲该有的责任，所以我日复一日在这样状况下生活着。

然后真正的灾难来袭，我生病了，但离婚也到最后程序，就快恢复拥有孩子抚养费了，我就快要毕业了，我想我终于可以放松一下，竟然又遇到这个意外！扭伤脚踝后要动手术，然后爆发可怕的流感，我的状况看来整个就是糟透了。

某个下午我躺在床上向着亚伯拉罕、以撒、雅各的神哭喊："神啊！你在哪里？你不关心我吗？我没办法照顾自己，没办法照顾孩子，我走不下去了，救我！"

突然我房间里的整个气氛变得通电似的，那里有个真实的存在—是有力量、安慰的、平安的。耶稣医治我，我知道这是耶稣，身为犹太女性，我甚至不相信耶稣，但无论如何，他医治了我！然后这个真实存在离开了，我的房间又恢复正常。我晕眩地躺在那里几分钟，然后起来测试我的体能状态，当孩子们从学校回家时，我已经在厨房烤饼干呢。

能恢复健康真是太奇妙的事，我致力所有的活动，而且持续我一贯的忙碌—一天十八小时，我不想停下来思想，耶稣启示的应用是超过我所能面对的。

我看见自己成为一个现代的路得，完全委身在以色列的神与以色列的人民，现在我相信耶稣，我想他一定对我有心意！我的经验是这么与众不同，我想我是第一个相信耶稣就是弥赛亚的犹太人，我不知道世上是否也有其他的犹太人也有这样真实遇见复活弥赛亚的经历。

我所知道的就是耶稣医治了我，而且我相信他，但我不能公然讲述这事，若是我以这样的方式提及耶稣的名，他们会觉得被冒犯。

我的一位新朋友是基督徒，送我一本新约圣经，但我拒绝读，之前我跟这位朋友分享我的故事，但我害怕更进一步的了解，因为我不想背弃对犹太教和犹太人民的忠诚。

我逃离神大概有两年，我对这位医治我的神没有表示感谢，我硬着心，拒绝去想有关属灵的事。我把所有力气拿来养育孩子们、发展事业、追逐小区活动，保持我的社交生活，我让忙碌日夜占据我的心。

一切都进行得不错，直到 1970 年，我的健康再次垮了，要进行胆囊手术，这疼痛是很恐怖的，我很害怕，记起两年前漫长的病痛，以及当耶稣医治我的那种释放，使我可以恢复正常的生活，真不知现在是否能期待有第二次神迹，我甚至没有给耶稣如同给医生一样的尊敬，也没有花费任何力气去学习他要教导我如何活得健康，我一点都不了解神的热情与怜悯！

在动手术的前一天，我读到由 Don Basham 所写的《仰望奇迹》，是我一位基督徒朋友送我的，这是我第一次清楚了解：我需要一位救赎者—不只是医治我，让我可以继续走在自己规划的路径上，而是洗净我罪，给我一个由神指引的新生命，我特别看见自己需要有圣灵的力量来过那样的生命—因为我现在知道了，我无法靠着自己的意志力与努力来克服每个困难，我深受病痛折磨的身体告诉我，必须要大幅改变我的生活方式。

在医院病房中，我低头闭上眼。耶稣说过："**到我这里来的，我总不丢弃他。**"（约翰福音6：37）简单、谦卑地我来到他面前："主啊！赦免我得罪你，"我说道："因我偏行己路，请进到我心。"

他确实进到我心，这不复杂、不情绪激动，就好像我跟耶稣做了个口头承诺，我们握握手来表示完成此事。

然后我对耶稣说："若是圣灵施洗是从你而来，而你要我也有这洗，那我愿意。"

我新找到的主人用我自己的话语抓住我，奇怪的音节开始落到我的舌头，以耳语的方式，免得我被听见，我开始说一种从来没学过的新语言，是从天堂所赐的。这好像一股新的溪流，就在那个夜晚，我躺在病床上悄声吐出从我里面涌出的音节，就像是河流流经石头般地流过我，每个音符、每个音节都好像把我洗得更清洁。

翌日我进行手术，三周后我就回到工作岗位，我迅速复原得令自己都惊异。同时我开始极为渴慕读圣经，好像我从来不知任何事。在平静安稳的开始之后，我爱上了耶稣，除了他的话、跟用方言来祷告以外，没有任何事能满足我。

现在我遇到了另一个问题，我紧张的在两方面角力：一边是我在一个市府组织的工作要求；一边是对这个新的爱恋不断加增。

四个月之后的一个晚上，耶稣带我更进一步，他简单表达我必须全然降服于他，这真是个挣扎，虽然我是个意志坚定且强势的人，最终我认知到我的生命可不是什么了不起的成功，是的，我一面养育三个孩子，并兼职工作，还以优等生从大学毕业。是的，我职涯前景是一片大好，但我的健康在两年垮掉两次。我越来越难跟上我的青春期儿子，我需要在耶稣身上找到内在平安，对我来说，似乎没有别的选择。

即使我的心一直说着万一？万一？但我用意志来降服。1971年二月廿一日这天晚上躺在床上，我对主说："我四十岁了，既不强壮又很疲累，婚姻破碎，我的孩子们也有状况，我不知道你能用我做什么，但不管我对你有什么用，我都将自己献上。"而他接受了我。

又过了两个晚上，当我开始祷告时，神回应我，我差点从床上跌下来，从来没有人告诉我：现今神也会对人说话，我再一次以为我是第一个遇见这样事的人，我也惊讶于为何我被选上，而有这样的经验。我问神关于我的人生，大概问了二十分钟。而他回答我，相对的，他要求我的生命要有些特定的改变。他告诉我他期待我顺服，并且指出只要我忠诚地顺服我所能了解的，他会一直引领我。

这个对话一直继续，直到我问了一个关于别人的问题，他没有斥责我，他只是没有回答，我立刻学了这个功课：不要做个爱管闲事的人！

我展开新生活的第二天，神就让我所有的惊讶、怀疑与恐惧都消失了，我能够做任何神要我作的改变，而且有完全的确据，他会作我的靠山。在我只有自己的这些年岁间，我成为一个非常独立的人，现在就这么一夜之间，我学习到在圣灵里新的倚赖，知道我一定要听到他的声音，我才会顺服主。神圣的敬畏使我不断的寻求，免得我因缺乏关注而失败，后来我才了解到，自己是领受到圣灵的一项恩赐—就是信心，有着这项恩赐，我才能从我所在的位置上往前一步走出来，等待神把我安置在他要我在的地方。

又过了一个月，我持续学习聆听神的声音并且顺服的行动，每天都是探险之旅。他教导我灵活弹性来改变方向响应圣灵，他给我他的爱，并借着我给其他的人。

我的新工作是马里兰州的人力资源行政，需要常常旅行，我的车成为一个活动的圣所，到今天只要我进到车内，第一件想做的事就是唱歌。神给我声音来赞美他，用诗歌充满我的心，我用灵歌唱，也用悟性唱；如同我用方言祷告，也用悟性祷告。

我与耶稣的关系，比我与地上任何人还要真实，我每天寻求他，他从未让我等候。这种与神交流的喜乐，到目前为止超过任何世上情感，我甚至无法描述。我想你可以说，这是一段与我属天的新郎爱恋的时光，是羔羊婚筵宴之后的真正蜜月的先尝期。

当关系更深而我也学习到更清楚听他的声音，立刻响应他的指示，耶稣引导我进入代祷的祷告。我开始很自然地对他说一些我所关心的人与状况，他会指示我如何祷告。刚开始我惊讶于祷告的清晰响应，而后我了解到他乐于回复那些符合他条件之人的祷告。

当我自己以神为乐时（就像诗人在诗篇 37：4 所说的），他就更多更多的以他自己来充满我。他也借着其他人来满足我的需要：他赐给我成熟的基督徒夫妇作朋友，一些单身姊妹我可以跟她们一起祷告，一些年轻的男性朋友可以提供从男性的观点想法，而又不会有情感上的牵绊与妥协。一位真是有牧人心肠的牧师，有恩膏的教师（其中一位是叶光明牧师），借着书籍、录音带的教导以及特会，我的人生真是充实。

然后 1974 年，在我第一次造访耶路撒冷的期间，神呼召我要到以色列。在我第一次读圣经正读到以赛亚与耶利米时，就产生对以色列的负担，在那当下，我了解到以色列这个国家的诞生，且开始每天祷告：为神建立耶路撒冷，并使她在地上成为可赞美的（以赛亚书 62：6-7），后来 1973 年赎罪日战争撕裂我的心，我想作更多，不只是祷告，我想尽一己之力。

当神清楚对我说抛下一切，搬到以色列时，我是毫无准备的状况。记得 1971 年的晚上当我降服于他时，我知道他会指示我，只要我了解，我会顺服，我想我认得他的声音，然而这是我压根儿从来没想过的冒险，我的心再次的问道："万一？……万一？"

但神不再说话。这是个我必须自己作的决定，最后我响应说："是的，主啊，如果这是祢想要的，那就是我要的。"我回家找我的牧师咨询，查验，然后决定顺服。

那时对我真是信仰的最大试验，整个安排并非一路顺利。我的前夫当时已经再婚，建立一个新的家庭，当他知道我信耶稣是弥赛亚，而我要求他同意让我带我们最小的女儿艾莉卡跟我一起去以色列时，他尽其所能地阻挡我。当离开的时间不断延迟时，仇敌对我耳语："神岂是真说……？"我必须要分辨是自然的问题、是撒旦的拦阻，或是神对我信心的试炼。

我学习到从新的面向认识耶稣。我分送我的物品、辞掉工作、搬家。当要离开的时间延迟长达半年，我又更认真地寻求经文，给我的响应出现在许多节经文：信靠我。

当这试炼完成神的目的时，神就带我们来到耶路撒冷，这真是荣耀的回家，他不仅带我跟艾莉卡回到我父的地土，他更证明他的信实。我那时四十四岁、强壮、健康、充满喜乐。耶稣在这四年为我作这么多事，现在他带我回到他的城市，伟大君王的城！我还会想要什么吗？我真正以他为乐。

两年半之后，我躺在耶路撒冷家中的床上，以色列的医生叫我休息，因我的脊椎盘破裂并且难以康复。我恐怕要残废了，我的脊椎从孩提时代就弯曲，到如今不再能支撑我的身体，我持续疼痛，无以缓解，就这样过了几个月，每天大概只能离开床一两个小时，完全没有任何改善的迹象。

有天下午的闲散时间，我打开与神对话纪录的笔记本，逐页翻阅，翻到 1976 年十一月四日写着我可以怎样取悦、服事神，我再次向他委身，我在一张白纸上起草一个合约，知道透过耶稣的宝血所为我成就的事，以及从 1971 年我完全降服于他的那天开始到现在，他带我走了多远，我陈述就我个人部分，将自己毫无保留献给神，留下空白部分给神去填，然后自己在下面签名。

现在我躺在床上，这正是我所没预期到的"状况"，我想，在他拯救我之后，他会保守我健康，以至于可以服事，而现在我是这么无助，又持续在疼痛中。

就正面来说，我与他的团契是荣耀无比，从一大早到深夜，我一直在耶稣的同在中。当我的背平坦躺着，我可以抓着圣经，可短短读些片刻。在那些日子我把朗读经文的卡带都听坏了，我渴望得医治，却都没有。但是我与神的内在对话，以及他同在的甜美，这些是紧密、不可摧毁的。

然后有天叶光明牧师来敲我家的门，他刚好在耶路撒冷，听到关于我的状况，前来为我的背疾得医治祷告，我欣喜若狂，虽然我在耶稣爱的保守下多年，但这真是难以置信，他会差遣这样有恩膏的人来到我家为我祷告。

但我并没有被叶牧师的名声吓倒，因为我在美国政治圈内活跃了二十年，在我认识的圈子内，包括参议员、国会议员、州长等等，在那个年代人们相当尊敬这些因地位而有权柄的人，我也能放轻松，自然的与他们相处。

我邀请叶牧师进来，同行的还有一位年轻人，我们一起交谈，先是谈到我的病痛，再谈到耶路撒冷，他是真诚关心与同情。他看来比实际年龄六十二岁老得多，他的一个手臂因为摔跤骨折而上石膏，他的妻子在两年前过世，我仍可看见他脸上的悲伤与孤单。真是很难相信，他就是我几年前在一个特会里看到的那位强壮、有生命力，非常有力布道的人。

他要为我祷告，我知道他在"医治长短腿"方面有特别恩膏，因为他在 1971 年一个大型聚会中医治过我，在那时，叶光明牧师并没有完全了解神赐给他信心的恩赐，但现在他向我解释：我必须与神行神迹的能力"保持连结"，借着持续的感谢主，因他触摸我。

当叶光明牧师抓着我的脚，他说："你的脚已是完美的，一样长！有任何人为你的脚这样祷告过吗？"

"是的，"我答道："是你，在 1971 年。"

他哑然失笑："那我作得好！"他站在我旁边，按手在我的肩膀上。

然后令我惊异的是，他开始说先知性的预言，他所释放的讯息是从神来的鼓励：告诉我说，我是他栽种的树，没有任何事物能将我拔起。最令我惊异的是神在不到一周前，曾私下告诉我，几乎是一模一样的话语，而且我有把这些话语写在我的笔记本里。

他离开时在门口转身对我说："保持连结，持续感谢神。"然后他又加了句："请为我祷告，我下周要去西德慕尼黑讲道，这地方不容易讲道。"然后他就离开了。

我回到床上躺着，感谢神。我仍然因着神差遣叶牧师过来而欣喜若狂，我非常感激叶光明牧师的良善，与敏锐于圣灵的感动，最重要的是我感激从神来的这个讯号，表示他听见我的祷告以及他要医治我。

当天并没有任何戏剧化的事情立刻发生，但当疼痛变得剧烈时，我会呼喊着："谢谢你，耶稣。祢的神迹运行能力正在我的身体里施行。"我的力量持续微弱，我可以自己洗澡跟穿衣，但都是勉力为之。我照着身体复健师指示作复健活动，我常常去公共游泳池游泳，泳池的水支撑着我虚弱的背部。

我的女儿那时十七岁，预备要回到美国去上大学，但我这么脆弱的状况，她不想留我一人，最后我同意陪她一起回到美国，并安排我的回程机票，以便可以在犹太新年回到耶路撒冷。航空公司答应我，会在两边的机场都安排好轮椅，而且非常恩典的拨出四个位子给我，让我可以全程都躺着。

出发前一周我接到个惊喜，是封叶光明牧师亲手写的信，他提到在堪萨斯市有一群对以色列非常感兴趣的人，若是我有机会回到美国的话，他邀请我去拜访他们。多么亲切的人啊！我想，他看见我需要休息与恢复。我完全没想到他心里还有些什么其他想法，我从来没想到他是个适当的对象，若有想到这点，我可能会有完全不同的响应。

我没想再婚，我与耶稣的关系是全然的满足。我活着是为了要取悦他，在那些无法活动的日子里，我发现代祷是我能给他的最有效服事，每天我都让自己是可以如他所愿的去代祷—为任何人、或为任何他放在我心的状况，我作的很多祷告，特别是为以色列的祷告，都在我眼前得到响应（其他仍然持续响应中）。

我写了张纸条给叶光明牧师，感谢他，并给他我在马里兰州的电话，这样他可以跟我连络，以及安排我在八月廿日到堪萨斯市，期间为期十二天。我才刚到马里兰，他就打电话给我！我吓呆了，他询问我的健康状况，并告诉我他会在堪萨斯市与我碰面。几天后，他又打来，听起来很友善、很温暖，我只知道他在讲台是极有权柄的人，他如此亲和的一面令我惊讶。同时我的体力开始变得比较强壮，有些朋友带我去露营场地，将我安置在他们的露营车中，所以我可以轻松地躺在阳光下或游泳，更重要的是安静寻求神关于未来我要单独回耶路撒冷的事。我的财务有限，需要非常清楚神的旨意。

我离开那个地方时，已非常确定我对神的责任是持续代祷，我想他已经预备方法来成全我了，虽然我不知道他是如何办到，但我觉得平安。

当我朋友载我回到他们的家，他们告诉我叶光明牧师又打电话来，是什么事呢？旅程的安排完美、清楚，还是对方想要取消这个邀请吗？

但当我回电时，他单纯的问候我的健康，我告诉他，我有休息跟游泳。

"你游得好吗？"他问道

我肯定的回答，但心想：这是哪门子的问题？一个圣经教师会这样询问女士？

然后他说道："我打电话是让你知道，我的班机抵达堪萨斯市只比你晚五分钟，我只会在那里待两天，预备在八月廿三日飞到南非。"

当我们讲完电话，我走下楼，朋友疑惑的看着我："你方便说吗？他到底心里在想什么？"

"的确奇怪"，我答道："他好像只想多认识我，甚至问我游泳是否游得好！"

朋友看着我说："你认为是否还有些别的用意呢？"我闭起眼，害怕想到这些事。

接着几天，有好几次我把这事带到主的面前，不了解为什么叶牧师会对我有意思。他提到他正寻求神的旨意——是否这时是他回到耶路撒冷的时间。我在想是否神要使用我的秘书技能，在那里为他工作？但我身体的状况可是没有办法，我一点都无法提供什么，我能作的就是祷告，而我为这目的，已把自己奉献给主。

我读过叶牧师的书《借着祷告与禁食塑造历史》，也听过一些他讲代祷者的祷告的讯息。也许神是指我们也许可以一起祷告，但我看不出来这样如何行得通，有这么多模糊不清的地方，最后我把这事留给主，带着一个开放的心去堪萨斯市。

叶牧师的班机延迟抵达，所以他的朋友安排艾利卡、他的妻子和我，先坐在后座，他再去接叶牧师跟他的行李。当叶牧师大步走向我们时，他看来依然是那个几年前我在圣经特会中所见到强壮有活力的人，比我上次在耶路撒冷看到的他至少年轻十岁以上，而那也不过是两个月前的事。

他坐进前座，当他回头跟我们打招呼时，他向我凝视，意味深长的看了一眼，我外表虽平静，但内心颤动，我心里向主询问，主只给一个答案：信靠我。

艾利卡跟我都住在他朋友家，这位朋友的房子空间宽阔。因为我的背，叶牧师请他们把床垫放在地上，让我可以睡在那上面。他的务实跟体贴令我惊讶，后来我得知一些他如何照顾莉迪亚晚年时的情况，她比他年纪大得多，这跟我想象的有很大的不同。

我在那两天里几乎没怎样看到他，我们跟那家人一起吃饭，而我们只有一段私人的谈话，是我向他咨询在耶路撒冷的某个情况。他很实际地给我两本他的最新著作，并且留言纪念，一本签的是献上我的祷告；另一本是献上我的爱（我在心里自动添加入"基督的"，所以感觉是变成基督的爱）。

他要离开的那天傍晚，我坐在他的右手边用晚餐，当我看着他，我很清楚自己完全没特别的感觉。我对他极为尊敬，视他如同神人般，且是有恩膏的教师。但我个人并没期待再看到他，因此他对我的关心，我觉得很荣幸，但我想大概就到此为止了。

第二天早晨当他要出发到机场时，他转向我问道："你是否决定一定要回到耶路撒冷？"我告诉他，我会回到那里过犹太新年，他说他打算去那里过赎罪日，也许他会去看我，就这样了。或就是这样了？

接着十天，我游泳、散步、作我的复健运动，进行我持续的内在与主对话。在这房子后面是一条小溪，上面有座木桥，我晚上会出去在月光下来来回回走，在木桥上向主敞开我的思绪，我知道我必须顺服箴言 4 章 23 节："**你要保守你心，胜过保守一切，因为一生的果效是由心发出。**"

　　我经不起释放感情，无论是希望或是恐惧。现在看来似乎是神说要我作叶牧师的妻子—但叶牧师没有给我任何暗示有这方面的意愿—除了书里的献词。无论我是否听错了，我必须决定要怎么办。如果是这样状况的话，一方面这会是极大的尊荣，能成为叶牧师的妻子—也是重要的责任，若这是神的计划，那么他必须要先医治我，使我身体强壮，就像灵里刚强一样。

　　我最小的孩子已经离巢了，终于在廿五年之后，我可以享受某种程度的个人自由了。我不必对别人负责，也不必为他人负责，更重要的是我一点都不想再婚。我丈夫离开我已经十二年，我遇见耶稣已经七年了。我的生活有主就是充实且满足的了，然而……若是神要我结婚，我胆敢拒绝吗？

　　然后如洪水般的连串问题：我能冒险的让别人进到我心跟我的生活吗？甚至更吓人的：我可以作个好妻子吗？若我不能适应他的生活方式跟习惯呢？若是在这么些年独居之后，我无法将他的需要放在我的前面？如果我不能有所调整呢？我知道他到处旅行，如果我不能跟上他的节奏？我的背是比较强壮了一点，但却一点都谈不上康复，我的隐私怎么办—我所珍惜与主单独相处的那些时刻？还有跟个离婚妇女结婚，这对叶光明牧师名声的影响又如何呢？

　　对所有的问题我没有得到清楚的回答，这似乎是在合约里的另一种"状况"：在这事情上我必须放下自己的意志，信靠神，即使没得到任何确定的答案。

　　在我离开堪萨斯市之前，我已经能对主说：如果叶光明牧师向我求婚，我会答应。我这样说不是因为我爱叶光明牧师，而是因为我爱主并当取悦他，我是为保守我的心。

对我来说，在耶路撒冷真是荣耀的时刻！我住宿的地方可以俯瞰整个旧城，我的房间有个阳台，傍晚时分我常久待在那里。我对主的新一项顺服，使我与主更加亲密。圣经对我来说是封情书，在新年与赎罪日之间的三个晚上，我在阳台上整晚醒着，奇怪的是我完全不困。

因为我的背状况比较好了，我能在所爱的城市散步很久，我持续为着耶稣医治的大能与同在感谢他。

我要在大卫王饭店与叶牧师见面那天，我早起嘴里唱着："平安，平安，美妙的平安，从父神降下。"我慎重的打扮，在快九点前，步行短短距离到大卫王饭店。

当我走入旋转门，叶牧师起身向前来迎接我，我们握手，然后一起走到餐厅，大卫王的早餐是奢侈豪华的自助餐，我们来来回回拿了几次餐，尝试不同的佳肴，当他看到我拿腌黄瓜绯鱼开始大笑，他解释说他不喜欢这道，从来不明白莉迪亚为什么爱这道，现在他看到我也有同样的口味。

我们聊了一下他在南非的时光，然后他伸手到口袋拿出个小盒子："我从南非带个纪念品给你。"

我打开它，里面是个美丽镶金的虎眼石胸针，这可不是小纪念品，我想这人是认真的，于是我非常认真听他讲的每件事。他知道我通常在安息日跟特殊节日参加犹太会堂活动，所以他问我是否傍晚要去岁首节崇拜，于是我们就去耶路撒冷主要犹太会堂Heichal Shlomo，并拿了两张票，当我们走出门口，看了下票，票上用希伯来文两张都写着相同的姓氏。

"我想你必须要用叶太太名字进去了。"叶光明牧师笑道。我的心快速跳一下，我问主：到底发生什么事啊？他的行动要这么快吗？

但我并没得到答案。

当我们开始走下一个陡坡，我抓着他的手臂让我能暂时有个支撑，之后他就不再放手！我们就在那里，在耶路撒冷明亮日光下，走在街道手挽着手！但当我可以动作不过于明显时，我就把趁机又把手抽回来。我是对主说是的我愿意，但我可不打算为任何人—即使是叶光明—倾倒我心！

然而叶牧师没给任何暗示。我们的相聚结束了，当我们再次走到大卫王饭店，他正式的问我：是否可以有这荣幸请我陪伴他度过接下来的时光，我默默同意，我们在泳池旁边找到有遮阴的椅子坐下。

当我们一坐下，他问道：跟我说说你自己吧，你的父母是怎样的人？你的家庭是怎样的？你在那里读书？念什么学校？我想要多多认识你，不要遗漏任何事。

神真是给我巨大的恩典，我天生就是个诚实的人，我也许会从我自己的有利点去看事情，但我绝不扭曲或是欺骗。所以我告诉他我的故事，一连好几小时讲下来。他问了些问题：关于我的前夫、我归化到犹太教、离婚的原因，跟他谈话很轻松舒服。

整个早晨过去了，我解释我遵循犹太教的习惯，在赎罪日禁食从当天日落到次日日落，而叶牧师说他也想加入我的行列，所以即使我们在吃了丰盛早餐之后还不饿，但还是决定下午两点左右再去餐厅用午餐，加强我们的体力来禁食。

当我们用餐时，叶牧师不断问我问题，终于我说道："我不能再说话了，我的体力快用完了。""我对你说的所有事情都很有兴趣，"他道歉说："我没发现这是多么吃力的事，真抱歉没有顾虑到你。"

然后他开始告诉我，在莉迪亚过世后他的挣扎，他为自己的余生寻求以知道神的旨意，他问神是否应该回到他在1948年离开的耶路撒冷。

到这时我们的谈话一直很轻松，但仍有些严肃。而现在当他谈话时，很显然地他向我吐露他最深处的思想，最重要的是，他不自觉得显示出他与主的个人关系的深度，虽然他是位成功的基督徒领袖，有着伟大的属灵权柄，但他向主寻求力量与方向，却是跟我一样的方式。

他开始告诉我：为什么他邀请我先是去堪萨斯市，现在又是大卫王饭店，当他描述六月时在耶路撒冷最后一个晚上的情况时，我放下刀叉看着他，虽然他外表是冷静的，声音却是高吭地，他的眼睛发亮，他描述在异象中看到陡峭的山丘以及站在山丘下的一位女子。

"你就是那位女子。"他总结道，并看着我："我明白神是说，若我要回到耶路撒冷，第一步就是我要与你结婚！"他停了下来，但又很快的接着说，他并未期待我响应他的启示，但我必须自己寻求主。

我没注意到我的心一度狂跳，现在又安静下来，内在平安全然临到。每件事都清楚了，所有一直烦恼我的问题—为什么叶光明牧师会对我有兴趣？世上这么多女性，他怎么会找到我？他怎么会考虑一个离婚妇女？—我现在知道答案了。他等着我说话，我简单的说："现在我了解了。""你的意思是？"他惊叫。

我垂下眼睛："我想神对我说你会向我求婚，但我不明白你为何会选择我，你完全不认识我，也不知道我的任何事情，但现在我了解了，是神启动了这件事。"

然后我看着他的眼睛，就从那个时刻起，我爱上他了。

接着，我们坐在大厅，走在公园中，坐在可以俯瞰旧城的长板凳上，他拿出放在口袋里的钻石给我看，它被包在一张白色的纸里。我回到住的房间休息，并更衣之后，我们在禁食前喝了最后一杯茶，然后我们走到会堂，各自分开三小时去参加崇拜—我到妇女那区，他到主厅男士区。当我们分开时，他非常清楚的、特别指出在那个位置，是我们在崇拜结束后出来要碰面的地方。

在妇女区，我安静我的心，这一整天似洪水般的情绪笼罩着我，现在我可以好好安静自己。当熟悉的希伯来文歌词与旋律响起围绕我时，我闭上双眼，在主的同在中放松。我静静地重新将我自己的人生向主委身，为他所用，而现在，我委身的事包括：嫁给叶光明牧师为妻。

赎罪日是犹太年中最神圣的一日，在犹太新年与赎罪日之间的日子，即使是再一般的犹太人也会寻求跟邻居和睦，以及做些好事，以确定他们"有被写在生命册上，可以再有一年。"在耶路撒冷没有任何事比得上赎罪日，除了紧急救护车，

所有的交通停止运作，没有电视、广播，整个城市是安静的，听得见狗叫、小宝宝的哭声，没有车马喧，甚至可以走在马路中央。

当我们从会堂手挽着手走回去，叶牧师说："我必须要再跟你说一些事，"我们漫步走回公园的长板凳，坐在月光中，旧城泛着光的墙就在我们面前。

在赎罪日夜里的静穆中，他说道："你明了我尚未拥有完全的自由来向你求婚吗？"

我点头，我知道关于他与其他几位教师的关系。

"我们同意在未咨询彼此的意见前，不做任何重大个人决定。"他告诉我："在我知道你会如何响应之前，我无法对他们说什么，现在我可以也必须咨询他们，十月底我会与他们碰面。"

这时是九月，不只一个月咧！"我会祷告"我回应着。然后我们起身再走回我住的地方，他温柔地看着我。

"我相信一切都会没问题的，"他说道："不要害怕，我相信神向我们清楚显明他的旨意，让我们用信心领受吧。我明天无法与你共享早餐，但请你早上九点与我见面，我们可以共度一天，我后天一早就离开。"

那是我们交往的开始：庄重的祷告与禁食一天的尾声。我们向彼此委身，也将我们的未来交给神，互道再见。

我在耶路撒冷有许多朋友，但没有一个是我可以分享在赎罪日发生的这些事，耶稣是我这七年以来的唯一密友，我向他倾倒，我心等候他的带领。

我与耶稣的关系没有任何不寻常的神秘；就是与亲密朋友的甜蜜对话。我在这些年学到在我每日的生活，等候他指示的方向—何时及何处购物、何时打电话、何时进行哪些事项，在这些每天的事情上寻求并顺服，给我很大的信心来进行更大的决策。现在经过这么多个月的半无能状态，我甚至更依靠他，我在所有的事情上寻求他的意见。

我仍然无法坐或站较久的时间，无法工作，但是有很大一笔从欧洲银行转账过来的钱令我安心，知道我的天父看顾我，使我不致缺乏。我收到叶牧师在南非特会关于属灵争战主题的录音带，为我的事情带来亮光，我继续祷告。

当我等待叶牧师与其他教师们碰面之际，我们透过电话简短交谈数次，然后在十一月上旬我再次听到他的声音—但口气是完全泄了气，喜乐与热情洋溢都没了。他告诉我，他们说不，他们认为寻求跟我的交往，对他来说是不智的。

他声音有些哽咽补充说："我已经买了机票到耶路撒冷来两天，我会亲自告诉你，并跟你说再见。"就这样。

我躺在地上对主哭喊："为什么？主啊，为什么你这样对我？为什么你给我这样的爱，然后又让我失去？我在你里面很满足，我并没有要找丈夫，为什么把他带进我生命，然后又这样对我？"

令人惊异的是彷佛耶稣用手臂环绕我，他说："信靠我。"真正的信靠总是在不信的边缘。有时我对神的方式是最好的有完美的信心，又有时候我怀疑他的爱，并哭喊要求新的印证。就在十一月十三日他赐给我—我所祷告与希望的：立刻医治完全的奇迹。当我在一个大型公开的特会中敬拜主时，他的能力扫过我，我身体所有的病痛全部、立刻都离开，他的力量倾倒在我里面。

我在敬拜中、在他喜乐的同在中忘记自己。数以月计长期的病痛中，顶多也只能靠药物减轻一丁点儿痛苦，要完全没有痛苦，几乎就像是从自己身体中脱离！

有人轻拍我的肩膀，好像把我打回地上，讲台上的主领们看到我脸上发光，派一位同工来问我，神做了什么？我愿意上台去做见证吗？

一种像丝般柔顺的力量引领我到了台前，我站在麦克风前面，无言以对，就是泪流不止，大堂里充满旅客、陌生人，我看见从耶路撒冷来的亲爱朋友们，他们为我祷告了七个月之久，他们的脸发光，好像聚光灯打在他们脸上。我不记得我说了什么，或是怎么描述在那个时刻发生在我身上的事，但记得后来我看着他们说："谢谢你们，谢谢你们，我的朋友，以及谢谢祢，主耶稣！"

不久我就看到主的奇妙智能，借着叫我上台分享奇迹，强迫我在公开场合作见证，我相信这点真的完全了我的医治，若我没有面对作见证的要求，我可能失去我的医治，如同在我之前第一次得医治后又有剧痛。

有些人在那段冗长的岁月中对我说："你要宣告你的医治。"之前我没办法，但现在医治是我的了！一个偶尔的剧痛不会吓到我，因为我知道这是过程中的一部分。不久 X 光显示神做得更多，不只是医治破裂的椎间盘，他甚至拉直了我扭曲的脊椎，就像有了个新的背脊！

四天之后我在大卫王饭店的早餐见到叶牧师，他面如槁灰，双手颤抖，我想拍拍他，安慰他，当他说话时我默默为他祷告，没什么其他事情是我能做的。

他打开手提箱，拿出一封由四位教师共同签署的信交给我。"你了解，"他说道："我承诺所有重大的决定都要咨询他们，而这是个重大决定，我必须遵守我的承诺。"

他给了我他未来几个月的行程，当他在四处服事的时候，请我为他祷告。然后令我惊讶的，他拿出一罐手工果酱，是他的女儿安娜要送给我的。

我内在的声音对我说：你有个朋友在的。

另外一件使我们会面气氛轻快的事，是我报告我的背部得到奇迹的医治，叶牧师因此感谢神，他看到神关心照顾我，然后就没什么其他话好说的了，他送我搭上出租车，然后挥手道别。

一般女人在这样的状况会怎么做？我是让自己忙碌，一天比一天更强壮，终于可以坐在椅子上，我再度报名希伯来文，一周六天，我浸泡在语言学习中。

我无法告诉任何人我心碎的事，在无眠的夜晚，我在耶稣的肩头哭泣，然后早上起来又带着微笑度过一整天，为我得医治喜乐。我在上课的班上交了新朋友，也与老朋友相聚，我试着不要想太多，或是不停猜测。

我祷告：我花了许多小时、夜晚、一周一周祷告、禁食代祷—不只是为叶牧师，也为以色列、为犹太民族。叶牧师离开的隔天，埃及总统沙达特来到耶路撒冷，每一条街道、每个角落，人们都谈论着"终于和平了"，这是关键时刻，为以色列祷告使我不会一直聚焦在自己身上。

但这实在不容易，我答应主，当我听到他的声音时要顺服，我对叶光明牧师打开我的心，因为我相信那是神的旨意。耶稣打破我在1965年建立在自己四周围的厚墙，只是现在我发现自己变得极容易受伤害。

我有两个选择：我可以再变得硬心，绝不让任何人亲近；或是我可以信靠耶稣来医治我破碎的心，如同他已经医治我受伤的背。

我做了选择，箴言 3 章 5-6 节成为我的宣告，我定意要全心信靠主，我不会试着去猜测，我要在我所有的道路上都认定他，我要信靠他指引我的路径。

当我照着叶牧师的行程祷告时，一件奇异的事发生了："失望离开，希望进来。"详情应该要用一章来叙述才够，有一周非常特别—就是叶牧师在澳洲阿德雷德时—那天状极不寻常。那天当我在上课时，眼泪开始不停地从脸上流下来，我觉得很不好意思，赶快离开教室，当我在洗手间整理心情，梳妆仪容后，就搭巴士回家了。但不受控制的泪水再度流下，我在房间不断哭泣，于是我开始用方言祷告，数小时过去，这个负担却未曾减轻。

这对我来说并不是新鲜的现象，我在与以色列相关的事情上也经历过好几次这样的灵里劬劳。在我移民到以色列之前与之后也都发生过，我很少事先知道原因—通常是后来才知道是因恐怖分子的袭击、政府的危机或发生战争。而这次我知道是跟叶牧师有关的。

三天之后，我写在我的笔记本上—"感谢主，阿德雷德结束了！"我感觉到某些事在灵界中已经打破了。

耶路撒冷的早春之际，我搬到市中心的一个房间的公寓，而后就来了封电报："与路德派教会团来到耶路撒冷，大卫王饭店见，不见不散。"我知道这是新的一章开始！

当我们见面时，我立刻看到叶牧师也遇见主了，在他的声音里有种新的温和气息，他的整个灵里有种破碎后的建立，我们拿了食物坐在位子上，等着茶送过来。

然后一如他的性格特色，立刻讲重点："在阿德雷德时我一直努力祷告，我仍然相信跟你结婚是神的旨意，他有向你显示任何事情吗？"

我告诉他，当他在阿德雷德那周，我经历无法期待、无法解释的希望，我们一起共同赞叹圣灵的作为，虽然在地上是遥远的距离，我们却有一致的祷告。

因着信，相信神会使事情运作成功。我们这次更多认识彼此。当我们走遍整个耶路撒冷，他充满热情地述说看见我现在的强壮与敏捷，他初见我时，我是一个几乎瘫痪无能的人，现在我是活动力强、精力充沛。

我们一起拜访在耶路撒冷的属灵的领袖，他们是我个人的好朋友，我知道他是想了解我，看看我是如何与他们连结，以及他们对我的态度。

一天我们偶遇一位年长的基督徒姊妹，她住在城里很多年，对叶牧师热情仰慕，她瞥一眼这状况，就开始发预言了："神一直在观察你，你是莉迪亚的模范丈夫，你应得到最好的，他把路得赐给你。"

叶牧师谢谢她，但谨慎小心地提醒事情还没确定。"我的话到此为止！"她说，然后就离开不见了，一如她突然的现身一样。

当他回到美国要与教师们再次碰面，我也回到我的研读课业，但这是春天了，我的心很轻快，要专心是很困难的。

而后叶牧师来电，他的声音喜气洋洋，其他教师们也都在祷告，神给了他们一个新观点。他在四月时会带一个团到以色列，我们可以好好计划，然而他告诉我，他还没预备好搬到耶路撒冷来，他要求我给他一段时间，直到神把我们在这定居的事变得清楚简单。

当我在本古里昂机场见到他时，这是我生命的一个新阶段，我一直是个住在耶路撒冷、不知名的犹太弥赛亚信徒，现在我被丢进引人注目、有魅力的世界里，当我们向叶牧师的一小群亲近朋友宣布我们订婚了，整个团员都将他们的注意力聚焦在我们身上，我们去的每个地方，他们都对我们拍照，当我们站在队伍中排队吃午餐，有位妇女走向我说："我听说叶光明牧师要再婚了，你就是新娘吗？"我微笑地勉强承认我就是新娘。

在他回美国之前，我们去到一处制高点：俯瞰耶路撒冷，注目着这整个城市。我们回想神所做的一切，然后祷告："主啊，在你的时间、以你的方式，将我们安置在耶路撒冷。"

我情绪复杂的做这个祷告，这对我来说是另一个"死"，叫我放下自己的意愿。耶路撒冷不只是个我住的城市，更是神特别呼召我去的一个城市。我对它的爱是神所赐下的，但我对叶光明的爱，也是神所赐下的。我必须要信靠神，他会使这两者合一，在他的时间以他的方式，我很清楚的了解，新妇必须要离开她的家，去到新郎所预备的家。

与叶光明在一起不是牺牲，然而要离开耶路撒冷却是困难的，虽然我们只有几天在一起，且是在一些空闲的间距。但圣灵在我们当中，使我们更深的连结。放下我们的关系、结束它、驱动我们各自亲近神，使我们更加倚靠他，因为我们在自己的破碎中触

摸到主，我们就有更多可以给对方。我们珍惜每个在一起的时光。我在六月时离开耶路撒冷去佛罗里达，他已经把南非的钻石镶在给我的戒指上（我们称之为"信心钻石"，因为那时他是以信心买下，要送给一个他几乎不认识的女人。）我们的婚礼是在会幕的犹太庆典中间，既有犹太又有基督传统，Charles Simpson 主持婚礼，其他教师们按手在我们身上，为我们祝福，这是多么荣耀的祝贺！我们回到耶路撒冷度蜜月，几个月后我在大学里研读希伯来文。

与叶光明结婚，而且能在耶路撒冷服事，似乎是个美梦。主在那里开始带领我们进入合一的代祷，他带着远超过我们个人代祷生命的能力。

现在对我来说就很清楚，我的整个生命就是预备要做他的妻子，他是犹太民族的朋友，且委身在恢复以色列国，廿五年前神带我进入犹太教，我与犹太人民的认同、与我对他们风俗习惯传统的了解，对他无疑是极宝贵的资产。

我在耶路撒冷的年岁间，对整个城市熟悉到像是我家后院一样—店家、公园、安静小巧的街道。我也学习到许多中东的文化，跟美国或是英国如此不同—犹太的想法、风俗、看法、做生意的方式，而他则是三十年后回到完全改变的城市，他总结道：神提供了妳这位个人贴身向导给我！

我从来没有离开过美国，直到我到耶路撒冷之前。虽然我也曾各处旅游，但在这大都会的岁月帮助我、预备我能应对不同的状况与文化，这在我们旅行服事时通常会派上用场。

就我来看，我的主要任务就是让叶牧师沉浸在安静祥和的气氛中，以至他能带出所有神放在他里面的教导给会众。莉迪亚投入她所有属灵知识与智能经验给他，当她年老时，他照顾她。现在我把自己投入在他身上—照顾他、保护他不要受到不必要的打扰跟分心，尽可能以各种方式帮助他，好叫他能自由地寻求神，而带出新鲜有恩膏的先知性的教导给基督的身体，这是事实，无论我们是在耶路撒冷的家，或是在我们的基地佛罗里达，或是一次在外旅行好几个月，这是需要用一生来操练的。

最重要的是神带我从苦难、疾病、试炼、心碎及一生的祷告与代祷—这些对一个独身女人就已经非常困难—进入深层的倚靠圣灵，拥抱我人生的每个领域，那种倚靠使我将我的思想与个性与叶光明合一，却不会危及我自己个性的完全，我想我终于了解亚当说夏娃是 **"我骨中的骨，肉中的肉"**（创世记 2：23）时的意思是什么了。我倚靠圣灵来向我显示：何时协助他、何时退开；何时说话、何时安静；何时顺服、何时表达我的看法；何时寻求他的意见、何时使用我自己的判断。

神在一开始就赐给我的超自然的信心恩赐与信靠，那七年与神同行，预备我承担重大的责任，成为叶光明牧师的妻子

"人非有信，就不能得上帝的喜悦。"（希伯来书 11：6）没有信心的话，是不可能成为叶光明牧师的妻子。

当我们结婚后，他带我进入叶光明事奉团队，成为完全的伙伴关系。这是个大小合适的机构，他们制作录音卡带、出版他的书籍，雇用了十二位人员。从那时开始，这事工就戏剧化的扩充，这看来似乎是直到神用我作为叶牧师的帮手之后，神终于能释放他对这事工的全盘计划。

婚后三个月，叶牧师就开始他的广播节目："**叶光明每日灵修分享**"。他的这个每日广播节目已经翻译成阿拉伯语、印度尼西

亚语（印度尼西亚）、中文（厦门话、广东话、北京话、上海话、汕头话）、克罗地亚语、德语、马拉加西语、蒙古话、俄语、萨摩亚语、西班牙语、汤加语。

叶牧师撰写分享的教导资料在西方世界以多种语言广泛销售，并透过全球推广计划，免费送给那些没有办法购买的人，在遥远第三世界国家的基督徒领袖，使用这些教导，用他们自己的语言传递给他们的人民。叶光明事奉团队在澳洲、加拿大、中国、法国、德国、荷兰、新西兰、挪威、俄国、南非、瑞士、英国跟美国，都设立有办事处。

这小溪变成河流，河流变成海，海变成奔流不息，澎湃翻腾的涛涛大洋，神让叶牧师与莉迪亚同负一轭，共乘一挽，一起工作、耕作、播种，在叶牧师的中年后岁月，神让我与叶牧师同工，带出神对他生命的完整计划，到成果丰硕，并与他一起分享收割。

在我们的婚礼中，叶牧师把他的名授予我，并誓言与我分享所有神赐给他的尊荣、权柄、财产，我对所有这些都非常尊重，因为知道有天我要对所有领受的向神交账："**因为多给谁，就向谁多取。**"（路加福音 12：48）我有信心的确据：我取悦神的方式，就是服事叶牧师与他的事工。

对今日热切想要结婚的年轻人，还有那些因为没找到配偶而怀疑神对他们的爱的人，我可以满有确据地用诗篇卅七篇 4 节回应你们："**又要以耶和华为乐，他就将你心里所求的赐给你。**"

见 证

将婚姻交在神的手中

非常感谢你的服事,我几乎每天都享受聆听你的广播节目(我在工作时打开)。

最近我写信询问有关你的那本《神是媒人》,你的工作人员真是难以置信的和善。当我读这本书时(我一个周末就读完了,这本书对我是如此重要),我祷告亲近神,并为我地上的父亲求神赦免与洁净。在我的生命中,我的父亲对我不当的虐待,因为这种精神上及暗地里的性虐待,使我在两性关系中一直不正常。

我知道我的前夫与我相处中经历一段很艰难的时光,这是因为我的问题,以及我在过去生活中沾染的罪的缘故,以致我现在不喜欢自己,也是基于对我父亲不当的态度。最近我发现自己与老板的关系产生危机,彷佛是在跟我父亲抗争一般。

亲近神并请求赦免带来一线光明,再加上求神医治与恢复也为我带来改变。现在我与男性相处时,不会再像过去那样恐惧与防卫。我期待一些验证,可以坚固我的确据:基督的牺牲已经完全付上代价,他的医治是完全的。

这是多么有福,甚至让我在五十岁这年纪能够得着医治,并从态度问题得到释放,这些都是来自你在这本书里的教导! 我也发现你与莉迪亚及与路得的两段婚姻真是令人难以置信，你前面的描述并没那么特别，直到我读到路得的描述，所带来的冲击真是强力的启示。

我是个浪漫的人，很感谢看到你们发现彼此并进入婚姻的情况，绝对是神的计划，真是很棒，看到神在我们今日动工跟他以前为以撒、为雅各选择妻子一般，我现在能将再婚的决定全然交在他的手中，知道他的旨意是最好的，他的旨意是来自最起初、亲密的爱的故事，神对我再婚或持续单身的选择，都是值得信靠的。

P. T.
明尼那波里，明尼苏达州

关于作者

叶光明（Derek Prince, 1915-2003）生于印度，父母都是英国人。及长于英国伊顿公学和剑桥大学就读，毕业后于国王学院主持古代与现代哲学研究。他也在剑桥大学和耶路撒冷的希伯来大学研究包括希伯来语和阿拉米语（Aramaic，亚兰语）等数种语言。

二次大战期间他服役于英军医疗团时，开始把圣经当作哲学著作研究，后来透过一次与耶稣基督面对面相遇，生命从此改变。那次相遇令他获致两项结论：第一，耶稣基督活着；第二，圣经是一本真实的、与现代人切身相关的书。这两项结论使他的人生大转向，从此他献身查考和教导圣经。

叶光明最大的恩赐是，简单又清楚地解释和教导圣经，帮助了无数人奠定信仰的根基。他跨宗派、跨门派的教导，无论什么种族和宗教背景的人听来，都感到贴切而获益匪浅。

他著作五十多本书，教导的录音带六百卷和影片一百一十卷，当中许多已被翻译成一百多种语言出版。他有个每日播出的广播节目，已被译成阿拉伯语、中文（厦门话、粤语、普通话、上海话、潮州话）、克罗地亚语、德语、马律加什人语、蒙古语、俄罗斯语、萨摩亚语、西班牙语和汤加语。这个广播节目仍持续感动着世界各地的听众。

叶光明国际事奉团队（Derek Prince Ministries International）仍坚守福音事奉，将叶光明的教导带到一百四十多个国家的信徒当中，忠于托付"直到耶稣再来"。我们在全球共有四十五个办公处和据点，主要事奉地区包括澳洲、加拿大、中国、法国、德国、荷兰、新西兰、挪威、俄罗斯、南非、瑞士、英国和美国。如欲了解最新讯息，请上我们的网站：www.ygm.services

如何在智能手机上安装应用程序(App)

可复制网址到智能手机的浏览器，或使用二维码安装
适用于您智能手机的应用程序（App）

iPhone/iPad手机下载网址:

https://itunes.apple.com/sg/app/
ye-guang-ming-ye-guang-ming/
id1028210558?mt=8

若干安卓手机下载地址如下，供您选择:

https://play.google.com/store/
apps/details?id=com.subsplash.
thechurchapp.s_3HRM7X&hl

叶光明事工微信公众平台: